스웨덴 모델, 독점자본과 복지국가의 공존

스웨덴 모델, 독점자본과 복지국가의 공존

2007년 10월 15일 초판 1쇄 발행
2009년 8월 31일 초판 2쇄 발행

지 은 이 | 김인춘
펴 낸 곳 | 삼성경제연구소
펴 낸 이 | 정기영
출판등록 | 제302-1991-000066호
등록일자 | 1991년 10월 12일
주　　　소 | 서울시 서초구 서초2동 1321-15 삼성생명 서초타워 30층
　　　　　전화 3780-8153 (기획), 3780-8084(마케팅)
　　　　　팩스 3780-8152
　　　　　http://www.seri.org 　 seribook@seri.org

ISBN | 978-89-7633-358-2 04320
　　　　978-89-7633-211-0(세트)

• 저자와의 협의에 의해 인지는 붙이지 않습니다.
• 가격은 뒤표지에 있습니다.
• 잘못된 책은 바꾸어 드립니다.

삼성경제연구소 도서정보는 이렇게도 보실 수 있습니다.
인터넷 홈페이지에서 → SERI 북 → SERI 연구에세이

O87 **SERI** 연구에세이

스웨덴 모델, 독점자본과 복지국가의 공존

김인춘 지음

삼성경제연구소

좋은 일인지 아닌지는 잘 모르겠으나 한국 사회에서 '스웨덴 모델'에 대한 관심이 많아지고 있다. 몇 년 전부터 우리가 지향해야 할 목표로 강소국 모델과 강중국 모델이 소개되면서 스웨덴도 적지 않게 거론되었기 때문이다. 그리고 결정적으로 지난 2006년 8월 참여정부가 발표한 동반성장 전략인 '비전 2030'이 스웨덴 모델을 벤치마킹했다는 비판적 주장이 나오더니, 바로 그 다음 달에 스웨덴 사회민주당이 총선에서 패배하면서 그 관심이 최고조에 달했다. '뉴스 없는 나라' 스웨덴의 사회민주당 패배 뉴스가 한국 신문의 여러 지면을 장식했고, 스웨덴 모델을 둘러싼 논란 또한 증폭되었다. 한국 정부의 당국자가 직접 "참여정부는 스웨덴 모델을 벤치마킹하지 않았다"는 해명까지 하기에 이르렀다. 스웨덴 총선 결과가 엉뚱하게도 성장과 분배를 동시에 추구하는 참여정부의 동반성장 전략의 타당성 논란으로 이어졌던 것이다.

스웨덴 총선 결과가 스웨덴 모델, 특히 스웨덴 복지국가의 종말을 의미하지는 않는다. 스웨덴의 중도우파연합이 친노동적 입장을 견지하며 오히려 복지정책을 보다 내실 있게 발전시키겠다는 공약을 했기 때문이다. 스웨덴 사회민주당의 총선 패배로 참여정부의 동반성장 전략이 무력화되는 것도 아니다. 동반성장 전략은 대부분의 선진국이 추구하고 실행해온 정책으로, 그 자체가 문제 있는 것은 아니기 때문이다. 성장만큼 분배도 중시하는 동반성장 전략은 복지국가가 발전하는 데 큰 역할을 해왔다. 문제는 복지국가가 기본적으로 이념과 정치의 영향을 크게 받기 때문에 객관적 내용과는 별개로 이념적 편향이나 정치적 관점에 따라 복지국가를 판단하는 경향이 있다는 점이다. 우파적 시장주의자일수록 복지국가에 대해 비판적인 이유도 여기에 있다. 일반적으로 서유럽에서 복지국가는 '분배정치'라는 정치적 과정을 거쳐 발전해왔다. 그러나 같은 유럽의 복지국가라 해도 그 내용과 성격은 매우 다르다는 점이 지적되어야 한다. 스웨덴 복지국가는 영국 복지국가와 다르고, 프랑스 복지국가와도 같지 않다. 더구나 복지국가는 좌파 정당에 의해서만 발전되고 유지되어온 것도 아니다.

스웨덴, 프랑스, 독일 등 유럽의 복지국가들이 요즘 열심히 복지개혁을 하고 있다. 복지지출을 합리화하고 일을 더하게 만들고 있는 것이다. 그들로서는 필요한 일이다. 그러나 우리도 그들처럼 복지지출을 더 늘리지 말자는 주장은 이해하기 어렵다. 복지국가라는 큰 나무에 가지치기 개혁을 한다고 해서 이제 겨우 가지를 뻗기 시작한 우리의 복지제도를 흔든다면 어떻게 되겠는가. 물론 복지재정의 효율성을 높이고 분배의 효과를 높이는 개혁은 언제라도 추진되어야 한다. 그러나 분배를 늘리면 안 된다는 주장은 세계 11위의 경제 규모로, 선진화를 추구하는 우리의 목표와 어울리지 않는다. GDP 대비 복지지출이 OECD 국가 중 29위이고, 10분위소득분배율은 9.4배로 OECD 평균(4.3배)의 두 배가 넘는다는 공인된 자료만 보더라도 한국의 분배구조는 매우 열악하기 때문이다(2004년 OECD 통계). 더구나 상위 20% 소득을 하위 20% 소득으로 나누어 비교한 5분위소득분배율이 8.4배라는 정부의 공식 자료(2007년 1/4분기 가계수지동향)를 감안하면, 현재 상위 10%와 하위 10%의 10분위소득분배율이 19배 이상이라는 일각의 주장도 틀린 말이 아닐 수 있다.

빈곤은 개인의 잘못일 것이다. 그러나 제도의 잘못도 있다. 갈수록 악화되는 우리 사회의 빈곤층 문제를 개인의 문제로 내버려두기에는 작금의 상황이 너무나 심각해 보인다. 분배제도는 소득불평등과 양극화, 빈곤 등의 문제를 해결하기 위한 정책적 개입이다. 이러한 정책적 개입을 결정하기까지는 이념적 대립과 정치사회적 갈등이라는 정치적 과정이 불가피하다. 누가 옳은지는 정치적 선택, 즉 선거를 통해 결정되는 것이다. 분배정책이 성공하려면 객관적 상황 분석과 합리적 해결책이 우선되어야 한다. 그러나 우리 사회에서 성장과 분배, 효율성과 형평성의 문제는 여전히 정치적 차원에 머물러 있을 뿐 정책적 문제로 제대로 자리를 잡지 못한 모습이다. 분배정책이 '아랫돌 빼서 윗돌 괴는' 방식으로 이루어지는 제로섬 경향이 있기 때문이다. 분배정책이 지나치게 이념화되고 도덕화된 것이다. 성장과 효율을 강조하는 사람은 무자비한 시장주의자로 몰리고, 분배를 주장하는 사람은 자비로운 진보주의자로 간주되고 있다. 그러나 안타깝게도 성장과 분배에 대한 지나친 이분법은 이 문제에 대한 객관적이고 실용적인 논의를 어렵게 할 뿐이다. 오히려 분배에 대한 과도한 환상과 왜곡된 인식을 확대 재생산할 가능성이 높다. 지난 몇 년간 우리 사회에서 빈곤층이 급격히 증가함에 따라 이러한 현상은 더욱 심화되는 분위기다.

스웨덴은 높은 수준의 복지국가로 잘 알려져 있다. 개인의 경제적 안전(economic security)을 국가에서 책임져주고, 직업과 성별 및 나이와 상관없이 평등하고 인간다운 삶을 보장해주는 나라, 그러고도 세계에서 최고의 부국에 속하는 나라로 유명하다. 그러나 스웨덴에 대한 이러한 핑크빛 인식은 대부분 단편적이다. 하늘에서 뭔가 떨어지지 않고서야 복지국가가 그냥 맨손으로 가능하겠는가. 스웨덴 모델이란 쉽게 말해 많은 사람과 많은 기업으로 하여금 일을 잘하게 만들고 생산을 잘하게 만들어 그 성과를 효율적으로 분배하는 것이다. 스웨덴 모델의 성장정책과 분배정책은 생산성과 효율성을 중시해왔다. 처음부터 생산적 복지정책을 시행해왔던 것이다. 20세기 전후의 초기 산업화시대는 물론 제2차 세계대전 이후에도 시장경제를 바탕으로 개방과 무역에 의한 대기업 중심의 성장정책을 추구해왔다. 더욱 놀라운 사실은 생산성을 중시한 결과로 자본의 독점화 정도가 우리보다 높다는 점이다.

1932년 집권한 스웨덴 사회민주주의자들은 1970년대 초까지 시장주의적인 성장 모델을 선택했다. 평등주의정책으로 일컬어지는 동일 업종 내의 임금평준화정책은 경쟁력 낮은 기업의 시장 퇴출을 통해 산업 합리화와 자본 집중을 촉진했다. 분배정책은 근로계층의 부담으로 가능했고 자본 및 기업에 대한 조세 부담은 상대적으로 낮았다. 노동시장 유연성, 시장원리에 의한 경제구조 합리화, 대기업을 중심으로 한 자본 및 산업 집중정책 등이 시장주의적 성장극대화정책이었다. 이러한 성장이 분배를 이끌었던 것이다. 공급 측면의 문제를 해결하여 성장을 이루고 궁극적으로 분배를 가능하게 만들었다. 분배정책도 훌륭했지만, 분배를 가능하게 만든 성장정책은 더 훌륭했다.

스웨덴 사민주의자들은 집권 초기부터 재정지출에 신중했다. 정상 경제에서는 총수요관리를 위한 재정정책이 작동하지 않는다는 것을 잘 알고 있었기 때문이다. 전후 경제 호황기에 긴축재정 기조를 바탕으로 임금인상 자제, 간접세 인상 등을 통해 인플레를 관리했다. 시장친화적 정책은 효율성을 높여 성장에 기여했고 이를 기반으로 고용 증대, 인적자본에 대한 투자 확대, 생산적인 복지, 삶의 질 향상 등을 성취해왔다. 재정지출은 1960년대부터 크게 늘었는데 보육서비스, 교육 및 직업훈련, 보건·의료 등의 투자적 성격에 집중했다. 고용을 늘리고 사회 전반적으로 안전도를 높여 실업급여, 산재급여, 공공부조와 같은 소비적 지출을 그만큼 최소화했다. 성장과 분배의 스웨덴 방식은 성장지상주의도 분배우선주의도 아니었다. 성장과 고용, 고숙련의 인적자본과 생산적인 복지가 어우러져 꽃피었던 것이다.

세계화 시대에도 복지국가 스웨덴이 경쟁력을 갖는 이유는 성장과 개혁, 분배를 위해 부단히 노력해왔기 때문이다. 1970년대 이후 위기를 경험하기도 했지만, 1980년대와 1990년대 시장 자유화 및 제도개혁은 경제를 근본적으로 재구조화했다. 생산시장과 자본시장이 탈규제되고 경쟁이 강화되었다. 세제개혁, 연금개혁 등으로 복지국가의 효율을 높여왔다. 스웨덴 정부는 고부가가치 제조업 및 고부가가치 서비스업의 경쟁력 향상을 목표로 노사협력에 기반한 '고숙련-고부가가치-고임금 전략'을 시행하고 있다. 기존의 적극적 노동시장 정책 외에도 인적 자본의 질을 높이기 위해 정규교육을 강화하는 새로운 정책을 추진했다. 노조 또한 저학력 성인 근로자의 경쟁력 향상을 위해 더 많은 직업훈련과 교육을 제공하는 정책을 사회민주당에 요구해왔다. 이러한 노력은 공공 부문 고용이 더 이상 늘지 않는 상태에서 고실업이냐, 아니면 민간서비스 부문의 저임근로자 양산이냐 하는 양자택일 상황을 모면케 했다. 고숙련 노동력이 스웨덴 경제를 발전시키는 데 크게 기여하고 있는데, 중요한 점은 이 모든 개혁이 정치적 합의에 의해 이루어지고 있다는 것이다. 스웨덴 모델이 놀라운 적응력과 경쟁력을 갖췄다는 주장은 이러한 논리에 기반한다.

스웨덴 총선에 대한 반응을 보노라면 우리가 스웨덴에 대해 얼마나 피상적으로 인식하고 있는지 알 수 있다. 한국의 우파는 스웨덴을 고세금과 복지만 중시하는 나라로, 좌파는 노조천국으로 바라본다. 모두 스웨덴 모델의 양면 중 일면만 보는 것이다. 이 책은 바로 그 다른 일면에 초점을 두고자 한다. 즉 복지와 노조와 분배가 아니라, 생산과 자본과 성장에 관심을 갖고자 한다. 스웨덴은 사실 자본천국이다. 독점기업을 용인하고, 차등의결권을 부여하며, 아주 낮은 법인세를 유지해왔다. 세계 최고 수준의 복지국가와 독점자본이 공존해온 셈이다.

스웨덴 모델의 핵심은 성장과 고용에 중점을 두고 시장친화적 경제정책과 평등주의적 분배정책을 결합했다는 것이다. 이런 점에서 최소한의 균형 잡힌 지식과 시각을 통해 스웨덴이 어떻게 성장과 분배의 조화를 이루어왔는지를 살펴보고자 한다.

비전 2030은 불운하다. 스웨덴 총선과 프랑스 대선이 우파의 승리로 끝났기 때문이다. 그러나 저자는 오히려 다행이라고 생각한다. 스웨덴과 프랑스의 국민들이 무엇을 원하는지, 이들 두 나라의 우파가 무엇을 어떻게 하는지를 냉정하게 관찰하여 타산지석으로 삼는다면 비전 2030은 행운을 맞게 될 것이다. 두 나라의 우파 모두 복지국가와 분배를 부정한 것이 아니라 성장과 고용을 통해 지속시키고자 하기 때문이다. 분배할 곳간이 줄고 있다거나 줄지도 모른다고 느낀 유권자들은 선거를 통해 새로운 변화의 요구를 표출했다. 결국 현재의 시점에서는 분배나 지출보다 성장과 투자에 더 많은 자원을 배분하기를 바라는 유권자들의 뜻이 반영되었다고 볼 수 있다. 이들의 목소리와 바람은 시장과 효율을 강조하는 정책으로 나타날 것이다. 분배보다 성장을 우선하면 당장은 평등과 연대가 약화되겠지만 크게 걱정할 필요는 없다. 성장이 어느 정도 회복되는 시점에 가면, 사회적 형평성이 지나치게 훼손되었다고 여겨지면, 예전처럼 다시 다른 정치 세력, 즉 중도좌파를 선택할 것이기 때문이다. 정치적 선진국이란 그런 것이다.

이 책은 성장과 분배에 대한 스웨덴의 경험을 소개하는 데 목적이 있다. 진부한 주제가 가질 수 있는 뻔한 내용의 위험성이나, 저자의 제한된 지식으로 인한 한계도 적지 않을 것이다.

그럼에도 불구하고 최근 한국 사회의 효율 및 형평성 문제와 스웨덴 모델 논의, 그리고 비전 2030 논란에 조금이라도 참고가 될 수 있기를 기대한다. 끝으로 이 책이 출판되도록 도와준 삼성경제연구소 출판팀에 감사의 말씀을 드린다.

2007년 10월
김인춘

차 례

프롤로그 5

1 효율과 형평의 이중주 ———————————————— 15
01 스웨덴 모델과 비전 2030 · 17
02 실용적 개혁주의와 타협의 정치 · 27

2 스웨덴 모델의 형성 및 발전 과정 ———————————— 35
01 정치사회적 변화와 사회민주당의 부상 · 37
02 사회 코포라티즘과 분배정치의 제도화 · 46
03 시장경제와 민간기업의 성장 · 52

3 경제정책과 스웨덴 모델의 발전 ———————————— 63
01 전후 성장정책의 제도화 · 65
02 렌-마이드너 모델 : 연대임금과 산업 합리화, 적극적 노동시장정책 · 69
03 자본의 독점화와 노동의 급진화 · 80

4 세계화와 신자유주의적 '제3의 길' ——————————— **93**

01 자본의 공세와 계급타협 체제의 와해 ————————— 95

02 제3의 길과 시장 자유화 ———————————————— 101

03 금융위기와 스웨덴 모델 ———————————————— 107

5 분배와 스웨덴 복지국가 ————————————————— **115**

01 스웨덴 복지국가의 특징과 구조 ————————————— 117

02 스웨덴 복지국가의 개혁 ———————————————— 124

6 스웨덴 모델의 조정과 경쟁력 ——————————————— **131**

01 EU 가입과 스웨덴 모델의 조정 ————————————— 133

02 스웨덴 모델의 경쟁력 : 개혁, 지속성장, 고복지 ————— 142

에필로그 149

참고문헌 163

1

효율과 형평의 이중주

스웨덴 모델과 비전 2030

우리나라는 1997년 외환위기 이후 소득불평등, 양극화, 실업, 빈곤 등의 문제가 날로 악화되고 있다. 자본주의 시장경제에서 어느 정도의 불평등은 불가피하지만, 최근의 현상에 대해 우려하는 목소리가 높다. 이에 따라 사회적 형평성 또는 분배 문제가 정치적으로나 사회경제적으로 큰 쟁점이자 주요 현안이 되고 있다. 실제로 한 국책연구기관의 연구 결과에 따르면, 1996년 이후 10년 동안 전 계층 소득평균 50% 이하의 빈곤층이 전체 가구의 11.2%에서 20.1%로 두 배 가까이 늘어났다("사회 양극화의 실태와 정책과제 연구보고서").

이러한 현상은 상대적으로 지난 10년이 분배와 평등을 강조하는 진보적인 정부가 집권해왔던 시기라는 점에서 아이러니가 아닐 수 없다. 이는 '분배정치'에서는 이겼지만 '분배정책'에서는 성공적이지 못했음을 반영하는 동시에, 분배정책의 어려움을 잘 보여준다. 불평등과 빈곤의 발생 원인이 워낙 다양하고 분배정책도 여러 가지이므로 그 원인에 알맞은 정책을 만들어내고 실행하는 일은 결코 쉬운 일이 아니다. 더구나 성장 자체가 문제가 되는 상황에서는 분배정책의 효과도 나타나기 어렵다.

소득불평등과 양극화는 사회경제적 측면뿐 아니라, 정치적 측면에도 부정적 영향을 미친다. 사회의 안정성(security)을 떨어뜨리고 사회적 신뢰와 규범을 약화시키는 원인이 될 뿐 아니라, 사회적으로 인적자원에 대한 투자를 감소시켜 미래의 경제성장과 성장잠재력을 저하시킬 수 있다. 사교육이 보편화된 한국 사회에서 저소득층 아동은 낮은 교육비 지출로 인적자본 형성에서 사회적 배제를 경험하고, 빈곤의 대물림에서 벗어나기 어렵다. 심각한 사회적 기회의 불평등이 지속되는 것이다. 이러한 사회경제적 기반의 약화는 정치적으로 민주주의 자체를 위협할 수도 있는데, 인간다운 삶이 보장되는 사회적 권리(social rights)가 실현되지 못한다면 정치적 권리 또한 제대로 누리기가 어렵기 때문이다. 이러한 요인들로 인해 최근 들어 분배를 강조하는 목소리가 커져왔다. 한국 사회 특유의 강한 평등주의 의식과 맞물려 분배는 성장보다 더 중요한 가치로 인식되고 있다. 일부에서는 성장의 가치조차 별로 인정하지 않는 분위기도 있다.

이러한 부작용을 인식하고 이를 최소화하기 위해서는 무엇보다 저소득층의 소득을 증대시키는 것이 시급하다. 다행히 이에 대해 정부는 물론 보수와 진보 모두가 공감하고 있다. 그러나 문제는 어떤 방식으로 그들의 소득을 증대시키느냐 하는 것이다. 역사적으로 볼 때, 행복의 중요한 요소 중 하나인 물질적 조건의 향상이라는 같은 목표에도 해결방법이 같지 않은 데서 이념과 노선이 갈라지고 정치사회적 갈등과 대립이 끊임없이 발생해왔던 것이다. 오늘날 성장이 많이 되면 분배가 개선된다는 성장우선론과 분배구조 자체를 바꿔야 개선된다는 동반성장론 간의 갈등 역시 저소득층의 소득을 증대시키기 위한 해결방법의 차이에서 비롯된다. 따라서 동반성장론뿐 아니라 성장우선론도 나름의 분배제도를 발전시켜왔다고 할 수 있다.

성장과 분배의 관계에 대한 최근까지의 연구 결과를 종합해보면, 분배 혹은 복지가 성장을 저해하기도 하지만 오히려 촉진하는 경우도 있어서 그 관계가 명확하지 않다. 성장과 분배는 단기적으로 상충될 수 있지만 장기적으로는 보완 관계라는 것이 다수 학자의 주장이다. 어느 한 이론의 절대적 우위를 말하기 어렵고, 다만 각각의 사회가 처해 있는 구조와 상황에 따라 그 효과가 다양하게 나타난다고 한다. 그렇기 때문에 성장과 분배 간 논란은 끝이 없고 어쩔 수 없는 지루한 일상이 되고 있는 것이다.

성장우선론은 '적하경제(trickle-down economics)'에 근거한 것으로, 대기업이나 고소득층 등 선도 부문의 투자와 경제적 성과가 커지면 중소기업이나 저소득층 등 낙후 부문에게도 혜택이 돌아가 총체적으로 경기가 활성화된다는 이론이다. 성장이 최선의 분배정책이며, 분배를 강조하는 정책은 성장을 저해하여 오히려 역효과를 초래한다고 주장한다. 실제로 자본주의 체제에서는 자본주의적 성공만이 지속 가능한 분배를 가능하게 만든다. 성장이 이루어지면 고용이 증가하고 소득분배가 개선될 가능성이 높아지기 때문이다. 그러나 양적인 경제성장이 결코 만병통치약은 아니다. 예컨대 미국은 지속적인 투자로 높은 경제성장을 달성해왔지만 빈곤층은 계속 늘어나고 있다. 이는 장기간의 경기침체에도 불구하고 빈곤층이 거의 늘지 않은 일본과 비교되는데, 경제구조와 정책의 차이가 이러한 결과를 가져왔다고 한다.

우리나라가 외환위기를 극복한 후 최근까지 비교적 양호한 성장에도 불구하고 소득불평등이 심화된 이유도 경제성장이 분배를 제대로 담보해내지 못했기 때문이다. 최근의 성장은 분배뿐 아니라 일자리도 보장하기 어려운 상황이 되고 있다. 따라서 성장이 고용의 증대와 분배구조의 개선을 가져올 것이라는 성장우선론자의 주장도 난망이 아닐 수 없다. 최근 들어 세계은행(IBRD)과 국제통화기금(IMF)에서도 형평성 혹은 공평한 사회적 기회가 경제성장을 위한 필수적 요소라는 인식을 가지고 있다. 세계화가 필연적으로 초래하는 사회 양극화에 대처하기 위한 사회안전망의 확보가 그 어느 때보다 필요한 시점이 지금이기 때문이다.

빈곤과 분배는 밀접한 관계가 있지만, 엄밀히 말하면 별개의 것이다. 빈곤은 자본주의 체제에 내재된 경제현상의 문제인 반면, 분배는 세금이나 사회보험과 같은 제도의 문제이기 때문이다. 빈곤은 자본주의 경제가 성장하는 과정에서 수반되는 불가피한 측면의 하나이므로, 분배제도를 개선하여 완화시킬 수는 있지만 근본적 퇴치가 불가능하다. 그렇다고 해서 사회주의 체제가 빈곤을 없앤 것도 아니라는 사실은 이미 증명되었다. 사회주의 경제는 사적 동기라는 인센티브를 부정한 결과 생산성 저하에 따른 다수의 '빈곤의 평등'을 초래했던 것이다. 사적 이익을 부여하는 자본주의 경제는 다양한 경쟁을 통해 생

산성을 높이는 체제인 만큼 경쟁에서 밀리면 상대적 또는 절대
적 빈곤에 처할 수밖에 없다. 그렇기 때문에 빈곤은 기술과 지
식에 의한 성장 패러다임의 변화가 발생하는 과도기에 더욱 확
대되는 경향을 보인다. 성장 패러다임의 변화에 적응하지 못
하면 실업 상태에 놓이기 쉽고, 결국에는 가난해질 것이기 때
문이다.

외환위기 이후 지난 10년은 세계화 및 지식정보화가 심화되
면서 한국 자본주의가 질적으로 변화한 과도기였다는 점에서
이러한 현상이 분명하게 나타난 것으로 보인다. 앞으로 한-미
FTA와 한-EU FTA 등으로 대표되는 새로운 환경은 우리 사회
에 변화된 성장 패러다임을 강제하게 될 것이다. 새로운 성장
패러다임으로의 교체(shift)가 비록 더 높은 성장과 효율을 위한
것이라도, 이 과정에서 적지 않은 부작용과 불만 또는 저항이
발생하고 사회적 격차는 더욱 벌어질 것이다. 따라서 분배정
책은 갈수록 중요해질 수밖에 없다. 일할 수 있는 사람에게는
일자리와 인적자본의 질을 보장하고, 일할 수 없는 사람에게는
소득을 보장하는 제도의 확대가 필요해지는 것이다.

그러나 분배정책의 중요성과 필요성을 인정한다 해도 과연
얼마나 효과를 낼 수 있는지 질문할 수 있다. 분배적 효과도 문
제지만 분배정책의 경제적 효과도 매우 중요한 문제다. 분배
정책은 경제의 효율성을 높이거나 낮추는 효과 모두를 가졌는
데, 장기적인 경제적 효과를 극대화하는 것이 분배정책의 정당
성과 지속성을 위한 요체이기 때문이다. 경제의 효율성을 높
이는 대표적인 분배정책은 인적자본에 대한 투자와 지원, 그리

고 공적 사회보험제도라 할 것이다. 교육, 출산보호, 탁아, 건강관리 등의 인적자본 투자는 경제 효율성과 장기적 발전에 긍정적 영향을 미친다. 또한 양호한 소득분배는 사회적 갈등을 줄이고 잘 갖춰진 사회안전망은 사회 구성원으로 하여금 자원배분제도에 대해 우호적인 태도를 갖게 한다.

그러나 소득평등이 사회적 갈등을 완전히 해소하고, 세금을 많이 낸다고 해서 분배문제가 해결된다고 보장하기는 어렵다. 이는 분배정책이 필연적으로 분배의 정치화를 초래하기 때문이다. 모든 정책은 결국 '정치적' 결정일 수밖에 없지만, 특히 분배정책이 정치화되면 소득분배를 효율적인 자원배분제도로 인식하기보다 '나눠먹기'로 여기기 때문이다. 그 결과 분배적 갈등은 분배에도 불구하고 오히려 더 악화될 수 있다. 적지 않은 나라가 이러한 '분배의 악순환'에 빠져 경제적 어려움을 겪었다. 그만큼 어려운 일이므로 분배정책에 적극 나서는 정부가 많지 않은 것이다. 스웨덴을 비롯해 북유럽의 성공한 복지국가들이 주목받는 것도 이 때문이다.

참여정부는 2003년 출범과 동시에 성장과 분배가 함께 가는 동반성장 전략을 추진해왔다. 2006년 8월에는 장기적 성장과 분배를 위한 미래 전략 '비전 2030'을 발표했다. 비전 2030은 그 실현 가능성과 엄청난 재정 문제로 적잖은 비판을 받았다. 아무리 목표가 좋아도 실현방법이 불확실하면 아무 소용 없기 때문이다. 당연히 동반성장의 성공 사례를 찾아 벤치마킹을 할 수밖에 없었고, '스웨덴 모델(The Swedish Model)'이 관심과 주목의 대상이 되었다. 그러나 비전 2030이 발표된 지 한 달도

안 된 9월 17일, 스웨덴 총선에서 사회민주당이 패배하는 '사건'이 발생했다. 성장과 효율을 강조하는 우파연합이 복지와 분배를 지향하는 좌파를 눌렀다는 뉴스가 국내 신문에 대서특필되면서 우리 사회에 커다란 반향을 불러일으켰다. 우파연합은 실업수당 축소, 저소득층 세금 감면, 국영기업 민영화, 부유세 폐지 등을 공약했다. 보수 언론은 총선 결과를 복지국가의 종말로 해석했고, 다른 매체들은 스웨덴 복지 모델의 미세한 조정 또는 개혁으로 총선 결과를 평가한 외신을 인용하며 보수 언론의 일방적 해석을 비판했다.

충분히 짐작하겠지만, 국내 언론이 스웨덴 총선 결과를 이토록 신속하고도 비중 있게 다룬 이유는 단순히 스웨덴 사회민주당이 선거에서 패배했다는 사실 그 자체에만 있지 않다. 우리 사회에서 분배 문제가 중요한 정치사회적 쟁점이 되고 있기 때문이다. 그렇지 않아도 정부의 비전 2030 전략이 스웨덴 모델을 벤치마킹한 게 아니냐는 의혹이 일던 상황에서, 사민당의 패배는 세금과 복지를 늘리며 동반성장을 내세운 참여정부에 대한 비판과 비난의 계기를 제공했다. 그러나 스웨덴 모델을 지나치게 이상적으로 본 쪽이나 스웨덴 모델의 성격을 제대로 파악하지 못한 쪽이나 피차일반이다.

사회민주주의자들이 지난 70여 년 동안 앞장서서 만든 스웨덴 모델의 핵심은 대기업 중심의 성장 전략이었다. 좌파는 반기업적이고 우파는 친기업적이라는 이분법은 없었다. 사민당은 역사적으로 분배 못지않게 성장과 효율을 중시해왔다. 스웨덴 모델을 만들고 발전시킨 사민주의자들은 처음부터 경제의 효율과 성장을 중요시했고, 자본친화적 전략을 실행해왔다. 성장과 효율을 위해 엄청난 자본 집중과 가족대기업을 용인해왔으며, 소수의 가족기업 집단에 의해 스웨덴 경제가 지배되고 있다고 해도 과언이 아니다.

사민당의 선거 패배는 복지정책의 실패 때문이 아니며, 스웨덴 특유의 복지국가 자체로부터 비롯된 것은 더더욱 아니다. 사민당이 패배한 것은 보수당이 이끄는 중도우파연합이 자신들을 노동친화적 정당으로 인식시키는 데 성공하고, 복지국가를 더 효율적으로 만들겠다는 친복지 공약이 유권자들에게 어필했기 때문이다. 반면 1994년 재집권 이후 경제성장, 물가안정, 재정안정에서 큰 성과를 거두고 복지 및 노동개혁을 성공적으로 추진했음에도 불구하고 사민당이 패배한 것은 실제로 15%가 넘는 실업 문제를 해결하지 못하고 스웨덴 모델의 효율성과 지속성에 대한 장기 전략을 제시하지 못했기 때문이다. 이에 더해 요란 페르손(Göran Persson) 사민당 총리 개인에 대한 유권자들의 신뢰가 그다지 높지 않았던 것도 중요한 원인이었다.

높은 세금에도 불구하고 유권자, 특히 공공 부문 유권자의 복지국가에 대한 지지는 매우 확고하다. 그만큼 자신들에게 이익이 된다고 생각하기 때문이다. 실제로 세금의 상당 부분이 복지급여로 다시 가계의 이전소득으로 지급되고, 질 높은 공공 사회서비스의 향유로 순복지지출 비용은 오히려 다른 선진국에 비해 높지 않다. 대부분 스웨덴 유권자는 복지국가를 지지하며, 다만 누가 이를 더 잘 운영하고 관리할 수 있을 것인

가를 까다롭게 따질 뿐이다. 유권자들이 1976년 이후 주기적
으로 좌우 정권을 선택한 것도 제도적으로 정착된 복지국가가
이제 더 이상 중도좌파만의 스페셜 메뉴가 아니라고 보기 때문
이다. 그들은 세계화 이후 변화된 환경에서 장기적으로 지속
가능한 복지국가를 보장해줄 정치 세력이 누구인가에 더 많은
관심을 갖게 되었다. 1976~1982년은 우파정부, 1982~1991년
은 좌파정부, 또다시 1991~1994년은 우파정부, 1994~2006년
에는 좌파정부가 집권했다. 그리고 다시 2006년에 우파정부가
구성되었는데, 이는 1932년부터 1976년까지 무려 44년간 사민
당 정부의 장기집권을 허락했던 것과 크게 대비된다.

스웨덴 모델의 성공 비결은 지극히 자본주의적인 원칙을 견
지하면서 노사 모두 윈윈하는 사회경제 시스템을 구축해온 데
있다. 물론 이러한 시스템에 대해 친노동적 복지국가라는 비
판도 없지 않았지만, 스웨덴 복지국가는 성장과 분배의 조화를
추구한 결과이지 분배지상주의의 결과가 아니다. 분배와 복지
를 위해서도 성장은 필수적인 요건이었다. 스웨덴 모델이 물
론 완벽한 무결점의 체제는 아니지만, 복지와 분배를 통해 기
본적으로 민주적이고 인간적인 자본주의 체제를 만들고자 한
노력은 분명히 평가되어야 한다. 스웨덴 특유의 공평하고 수
준 높은 분배는 무엇보다 노동운동과 사민당의 이념적 헤게모
니에 의한 것이다. 그러나 효율성과 경제성장에 대한 그들의
신념 또한 하나의 이데올로기였다. 그 결과 고복지와 함께 자
본의 집중, 즉 자본의 독점화 현상이 심화되어왔다. 스웨덴 모
델의 성공 비결을 간단히 말하면, 성장은 자본에 맡기고 노동

조직은 민주적 타협과 합리적 협력의 대가로 정당한 분배를 요구하고 받은 것이다. 시장경제에 의해 축적된 자본으로 가능해진 분배정책은 사회통합을 이루었고, 이를 바탕으로 다시 지속적인 경제성장을 이루었다. 복지에 대한 의지만큼 이를 실현할 수단에 대한 의지 또한 분명했던 것이다.

선성장주의의 대안을 스웨덴에서 찾을 수 있는지, 우리가 추구하는 성장과 복지의 동반성장은 어떻게 가능한지, 동반성장을 위한 요건은 무엇이며 어떻게 충족시킬 수 있을지를 생각하면서 스웨덴 모델을 검토해보고자 한다. 시장경제 체제하에서 복지국가와 독점기업이 어떻게 서로 발전되고 공존해왔는지를 살펴볼 것이다. 한국의 진보 세력은 스웨덴의 분배정책에 대해서는 환호하면서 그들이 취해온 성장정책에는 별 관심을 보이지 않아왔다. 스웨덴의 성장정책이 어떠했는지, 그러한 성장정책이 가져온 성과와 결과는 무엇인지에 큰 관심이 없었다. 물론 지금의 우리에게는 성장보다 분배정책이 더 필요하기 때문이리라. 이 책에서는 스웨덴 사회민주주의나 노동운동 등 국내에 많이 알려진 주제보다, 어떻게 효율성과 경제성장을 성취하여 분배와 조화를 이루어왔는지에 초점을 맞추고자 한다. 그렇다고 스웨덴 노동운동의 의의를 중요시하지 않는 것은 아니며, 오히려 스웨덴 사회민주주의만의 독창성과 경쟁력이 무엇인지를 검토하고자 한다.

실용적 개혁주의와 타협의 정치

스웨덴은 국격(國格)이 높은 북유럽의 강소국으로, 오랫동안 세계 최고의 복지국가이자 경제부국이라는 명성을 누려왔다. 국제경영개발원(IMD)이 매년 발표하는 국가경쟁력 순위에서도 평균 5위 전후의 높은 자리를 차지한다. 스웨덴 복지국가가 한국 내 일부의 주장처럼 심각한 문제를 안고 있다면 이러한 결과는 불가능했을 것이다. 경제성장 또한 유럽에서 가장 양호한 집단에 속해 있으며, 최근 수년 동안 노사분규도 거의 일어나지 않았다. 이는 한국뿐 아니라 전 세계 대부분의 나라가 바라는 바가 아닐까 싶다.

민주국가로서 사민당이 오랜 기간 집권한 스웨덴은 유럽에서도 대표적인 사민주의 국가다. 대외적으로 중립노선을 견지하여 제1·2차 세계대전 모두에 휘말리지 않았고, 실용적 개혁으로 성장과 분배 체제를 견고히 구축했다. 1930년대 이후 자유자본주의도 국가사회주의도 아닌 '중도의 길'을 추구했고, 높은 경제성장과 완전고용의 경제적 토대 위에 임금평등과 보편적 복지국가라는 스웨덴 모델을 발전시켜왔다. 1932년 이후 2006년까지 아주 짧은 기간(1976~1982년, 1991~1994년)을 제외하고는 사민당이 계속 집권하여 민주국가로서는 매우 드물게 일당 장기집권을 해온 나라다.

스웨덴 사민주의자들은 요즘 말로 '유연한 진보주의자들'이었다. 실용적 개혁주의로 계급타협을 통한 사회진보를 추구했다. 그들은 당시 유럽 및 소련의 사회주의자들처럼 이상주의에 경도된 사회주의 엘리트나 교조적 사회주의자가 아니었으며, 휴머니즘을 기반으로 인간의 존엄성을 고양시키고자 한 민주적 사회주의자들이었다. 인간의 존엄과 자유를 존중하고 자율적 시민사회, 즉 '열린사회'를 지향했던 것이다. 자신의 길을 이념으로 포장하기보다 현실에 기반한 실용으로 채워왔다. 평등과 연대의 인간주의적 또는 사회주의적 이상은 자본주의적 성공으로 이루어진다고 보았다.

이에 따라 스웨덴 특유의 수준 높은 보편적 복지국가와 효율 및 성장을 중시하는 경제제도가 동시에 발전했다. 노동과 자본의 동반자적 관계 노선을 추구한 사민당과 노조 지도부는 제2차 세계대전 이후 사회적 수준에서는 단체협상의 제도화와 연대임금제의 실시, 국가적 수준에서는 사회 세력 간 이해관계의 민주적 코포라티즘(corporatism) 조정과 보편적 복지국가의 수립으로 계급타협 체제를 제도화했다. 높은 노조조직률, 노조와 사민당의 긴밀한 관계, 노조의 강력한 정치적 영향력에도 불구하고 스웨덴 모델은 그렇게 급진적이지도 좌파적이지도 않았다. 1970년대 초·중반에 시도된 급진적 좌파정책을 제외하면 전반적으로 온건하고 점진적이었으며, 무엇보다 시장적 효율을 중시해왔다.

스웨덴 모델은 단순한 복지 모델 이상의, 경제정책과 사회정책이 유기적으로 연계된 '사회경제 모델' 또는 '발전 모델'이다. 스웨덴 모델은 정치 지도자, 기업가, 노조 지도자, 그리고 관료들이 높은 경제성장을 달성하고 최고의 복지국가를 만들어 풍요롭고 평등한 사회를 만들겠다는 국가적 목표를 위해 부단히 노력하고 협력해온 덕분에 가능했다. 사민당은 오랜 기간 연합정부를 구성해 집권하면서 다양한 정책 실험과 점진적 개혁을 통해 스웨덴 모델을 구축하는 데 결정적 역할을 했다. 스웨덴은 20세기 전후의 초기 산업화시대는 물론 제2차 세계대전 이후에도 시장경제를 바탕으로 성장정책을 추구해왔다. 스웨덴 경제는 명실상부한 자본주의 체제다. 국가 소유는 매우 제한되어 있으며 경제에서 민간기업이 차지하는 비중은 약 80%로 유럽에서도 높은 수준을 보였다. 스웨덴 복지국가는 고세금에 의해 운영되었는데, 국민은 수십 년 동안 평균 60%에 이르는 높은 소득세율을 감당해왔다. 실제로 매우 자본주의적이고 일할 수 있는 사람은 모두 일해야만 복지가 가능한 '합리적인 평등주의'를 실현해온 것이다.

사민당의 실용적 개혁주의는 1930년대 스웨덴 모델의 초기 형성기에 그대로 반영되었다. 스웨덴에서는 20세기 전후 급속한 산업화와 노동운동의 성장으로 노사분규가 빈번히 발생했는데, 1920년대까지 세계 최고의 파업률을 보이며 극심한 계급대립을 겪었다. 당시 자유당 정부는 1928년 노조의 반대에도 불구하고 노동시장과 노사관계를 안정시키기 위해 단체협상의 제도화와 노동법원(National Labor Court) 설립을 법제화했다. 노동을 규율하기 위한 법적 조치가 취해지는 상황에서 노조 지도부는 사용자의 주장을 받아들임과 동시에 자신들의 근로 조건을 개선시키는 문제를 제기했다. 사용자들은 그동안 생산 합리화를 통해 경제성장을 이루고 실업을 줄이자고 주장해왔다. 이에 1928년 12월 생산직노조연맹(The Swedish Trade Union Confederation, LO)과 스웨덴사용자연맹(The Swedish Employers' Confederation, SAF)은 산업평화의 제도화를 위한 '12월협약'을 맺게 되었다. 1933년 이후 경제 상황이 좋아지고 노사분규가 줄어들면서 스웨덴 노사는 공법화보다 자율적으로 노동시장 문제를 해결하고자 했다. 특히 사민당은 일찍부터 노사 문제의 제도화에 적극적이었는데, 1935년 노사정 간 산업평화협상을 이끌기도 했다.

1936년 LO와 SAF는 총선으로 재집권한 사민당 정부의 지원과 중재에 힘입어 노사 문제에 대한 국가 개입을 배제하고 노사 당사자가 자율적으로 해결해야 한다는 데 의견을 같이하고, 스톡홀름 근교의 휴양지인 살트요바덴(Saltsjöbaden)에서 협상을 시작했다. 협상 끝에 LO와 SAF는 1938년 '기본협약(Basic Agreement)'이라는 역사적 대타협으로 산업평화를 제도화하는 데 성공했다. 이 협약은 자본의 경영권과 노조의 단결권을 상호 인정함으로써 계급타협을 이룬 것으로, 1970년대까지 스웨덴 노사관계의 핵심을 이루었다. LO와 SAF는 임금인상 자제와 임금협상을 제도적으로 중앙 집중화한다는 데 합의했고, 중앙임금교섭과 연대임금정책은 이를 뒷받침해준 중요한 제도이자 정책이었다.

정치적으로 볼 때 자본 세력은 살트요바덴협약이라는 대타협을 통해 사민당의 정치권력 장악을 인정하고 현실 정치에 대해 중립을 유지하는 대신, 사적 소유권을 존중하는 자본주의 시장경제제도를 보장받았다. 노동의 고용과 해고는 사용자 고유의 경영권한임이 협약에 반영되었다. 대신 자본가들은 세금을 더 내고 노조와 사회의 감시를 받아들였다. 거대한 가족 소유 기업의 경영권을 보장하는 스웨덴식 기업지배구조의 틀이 이 시기에 만들어졌다. 사민당 정부는 투자자본에 대한 세금 감면과 복지 확대를 약속했고, 그 결과로 비약적 경제성장과 사회경제적 평등이 동시에 달성되었다.

스웨덴 노동운동이 계급타협의 방식으로 의회민주주의와 복지국가를 지향할 수 있었던 것은 사민당의 실용적 개혁주의 덕분이었다. 사민당은 계급연합과 계급타협을 바탕으로 1940년대 이후 경제성장, 완전고용, 복지국가를 동시에 지향하는 사민주의 복지국가의 제도적 기반을 확실히 구축했다. 이로써 스웨덴은 후발 산업국에서 유럽 최고의 부자국가로, 1960년대 서구 복지국가의 모델로 부상했던 것이다. 사민주의자들은 경제 및 사회정책의 최고 목표로 경제적 안전과 평등주의를 주창하면서 완전고용과 임금평등, 경제성장과 복지국가를 지속적으로 추구했다. 전후에 도입된 중요한 제도들은 이러한 목표를 달성하기 위함이었고, 스웨덴 모델을 발전시키는 데 중요한 역할을 했다. 사민당의 연속 집권으로 국가의 전략 및 정책에 대한 사민당의 헤게모니는 오랫동안 지속될 수 있었다. 전후 확고히 자리 잡은 스웨덴 모델은 '원칙 있는 실용주의(principled pragmatism)'를 기반으로 평등과 연대의 이념하에 경제성장과 완전고용, 보편적 복지국가를 추구했다.

스웨덴 모델의 독창성과 합리성은 계속되었다. 1930~1970년까지 자본소득에 대한 낮은 과세로 기업가정신을 북돋웠고, 산업 합리화와 구조조정의 압력은 근로윤리를 제고하는 역할을 했다. 임금과 복지는 높은 수준에서 평준화되었지만 무임승차에 대한 사회적 규율은 엄격했다. 사민당의 핵심이념 중 하나인 완전고용정책은 일할 수 있는 사람이라면 모두 일하는 사회(work society)를 만들었다. 스웨덴의 복지국가는 처음부터 '일하는 복지(workfare)' 였던 것이다. 대신 높은 임금을 보장하고 보다 인간적이고 여유로운 환경에서 일하게 했다는 데 특징이 있다.

그러나 연대임금정책에 따른 산업 합리화로 실업의 위험이 있기 때문에 일을 열심히 해야 할 (디스)인센티브가 존재했다. 연대임금정책이란 노사정 합의에 의해 1950년대 중반부터 시행되었는데, 기업의 지불 능력과 관계없이 동일한 노동에 대해서 균등한 임금을 지급하는 것이다. 업계 평균의 임금을 정하고 이를 획일적으로 적용하는 연대임금은 생산성이 높은 기업의 근로자들은 임금인상을 자제하는 반면, 실적이 좋지 않은 기업의 근로자는 기업의 지불 능력을 초과하는 임금을 받게 된다. 이는 기업이윤과 임금 간 상관관계를 차단하고 저임금 부문의 임금상승을 우선함으로써 산업 간 또는 기업 간 임금격차를 축소시켰다. 이러한 연대임금정책은 생산성이 높은 기업에게 초과이윤을 보장했기 때문에 효율적인 기업은 이윤과 투자가 증가하여 더욱 성장했고, 비효율적인 기업은 생존을 위해서 효율을 높이려 노력하거나 시장에서 퇴출되었다.

　정부의 적극적 노동시장정책은 노동이동을 제약하는 요소들을 완화시킴으로써 한계 부문에서 발생한 실업자들을 생산성이 높은 부문으로 이동시켰고, 시장원리에 따라 생산성이 높은 부문으로 자원이 이동함으로써 전체적으로 경제의 효율성이 상향평준화되었다. 스웨덴 노동시장이 유연성을 갖게 된 이유는 단순히 해고 등을 통한 수량적 유연성 때문이라기보다 임금 유연성과 노동력의 질적 유연성, 노동력 이동을 제고했기 때문이다. 연대임금정책과 적극적 노동시장정책은 상호보완적 관계 속에서 완전고용, 거시경제적 안정, 평등이라는 목표를 실현하면서 산업구조조정을 가속화시켰던 것이다. 사민당은 1930년대 초부터 효율성을 위해 산업구조조정이 필요하다고 인식했고, 대기업의 발전과 대외경쟁력 제고를 위해 산업 합리화가 필수적이라고 판단했다. 이를 위해 높은 수준의 노동력 이동을 보장함으로써 ‘직장’이 아니라 ‘고용’을 보장하는 스웨덴 특유의 적극적 노동시장정책으로 노동시장의 유연성을 확보했던 것이다.

　그러면 복지는 세금만 잘 거두면 되는 것인가? 중요한 것은 세금을 낼 수 있는 형편으로 만들어주는 것이다. 우리나라에서는 근로소득자의 절반이 낮은 소득으로 인해 세금을 면제받고 있다. 세금을 많이 거두기 위해서는 일정 수준 이상의 소득과 수익을 얻어 세금을 낼 수 있는 개인과 기업이 늘어나야 하는 것이다. 스웨덴이 수십 년간 높은 세금을 거둘 수 있었던 것은 수십 년간 높은 수준의 고용과 임금을 보장했음을 반증한

다. 우리가 알고 있는 스웨덴의 분배 및 평등정책은 시장경제
와 경제성장을 도외시하면서 성취된 결과가 아니라, 무엇보다
그 두 원칙을 중요시함으로써 얻은 열매였던 것이다. 근로자
의 소득과 기업의 수익은 투자와 성장 없이 불가능하고, 투자
와 경제성장이 있어야 일자리가 생기고 이윤이 발생하여 세금
을 거둘 수 있기 때문이다. 완전고용과 적극적 노동시장제도
는 고세금에 의한 평등한 분배정책이 효과적으로 실현되는 기
반이 되었다. 즉 공급 측면에서 성장이 이루어지게 하면서 분
배정책을 추가한 것이다. 스웨덴의 시장경제와 경제성장의 전
략 및 정책을 구체적으로 검토하기 전에 스웨덴 모델의 형성
과정을 살펴보도록 하겠다.

2

스웨덴 모델의 형성 및 발전 과정

정치사회적 변화와
사회민주당의 부상

스웨덴은 서유럽 국가들에 비해 늦은 1870년대에 산업화가 시작되어 1890년대에 이르러 본궤도에 진입했다. 1870~1890년대 사이 많은 기업이 설립되었고, 특히 1900년대부터 대기업 중심의 산업발전이 이루어지면서 경제구조도 대기업 중심으로 자리 잡게 되었다. 급속한 산업화로 스웨덴 사회는 기본적으로 자본가와 노동자의 양대 계급으로 발전되었고, 정치적 동원 또한 계급에 기반하여 이루어졌다. 1898년에 LO가 창설되었고 노동운동의 급속한 성장으로 1907년에 산업노동자의 48%가 노동조합에 가입하여 스웨덴의 노조운동은 일찍부터 노동계급의 조직화에 성공했다. 노동 세력은 20세기 초부터 산업화의 과정에서 계급적 결속 및 조직화, 그리고 정치 세력화를 추진하여 자본계급과 힘의 균형을 이룸으로써 정치 공간에서 핵심적 주체로 성장했다.

노조운동과 함께 정치 민주화와 선거를 통해 정치권력을 추구한 사민당은 사회혁명 대신 합법적 방식으로 정치적 정의, 사회적 정의, 경제적 정의를 위한 사회개혁을 목표로 했다. 실용주의를 선택한 사민당은 민중의 현재적 관심, 즉 고용과 복지를 충족시키기 위한 사회정책에 주력했다. 자본주의 사회에서 노조원의 이익 실현을 목표로 하는 노동조합운동의 의의를 부정하지 않았으며, 오히려 이런 점에서 스웨덴 사민주의가 당시 국유화와 사회주의혁명을 추구한 독일 사민주의와 다르다는 점을 부각시켰다.

　정치사회적으로 스웨덴 모델은 강력한 노조운동을 기반으로 한 민주적 계급정치로부터 큰 영향을 받았다. 지속적인 노동의 조직화에 힘입어 노조조직률은 1970년대 들어 거의 90%에 육박했다. 이렇게 높은 조직화는 생산직의 LO뿐 아니라, 사무직 계층이 독자적인 사무직노조연맹(The Swedish Confederation of Professional Employees, TCO)하에 효율적으로 조직화한 데 크게 기인한다. 높은 노조조직률은 명백히 사민당의 지배력을 반영한 것이었다. 거의 모든 생산직 노동자가 산하 조직체로 조직화되었고, 사회 및 경제정책 전반에 걸쳐 사민당과 긴밀한 협력 체계를 구축한 LO가 스웨덴 노동운동의 중심 세력이 되었다. 사민당과 LO는 사무직 노동계급의 급속한 팽창으로 조직이 커진 TCO와의 유대와 협력을 지속적으로 강화했다. 비록 공식적으로는 정치적 중립을 표방했으나 TCO 역시 사민당의 집권 기간 동안 대체로 사민당 정책 전반에 협조적인 태도를 견지했다.

　2005년 현재 노조 정상 조직은 LO(약 190만 명, 16개 노조)와 TCO(약 127만 명, 30개 노조) 외에도 전문직노조연맹(The Swedish Confederation of Professional Associations, SACO, 약 56만 명, 45개 노조)까지 세 개의 노조총연맹으로 구성되어 있다. TCO는 1944년 공공 부문 노조와 민간 부문의 사무직노조가 통합되면서 설립되었고, SACO는 1947년 공공 부문에 종사하는 대졸자를 중심으로 조직되었다. 2005년 현재 전체 노동자의 약 80%가 노조에 가입되어 있다.

스웨덴의 민주화는 19세기 초 시작되어 1919년 보편적인 평등참정권이 도입됨으로써 완성되었다. 이 과정에서 사민주의자들과 자유주의자들이 중요한 역할을 했다. 1809년에 제정된 '헌법(The Instrument of Government)'은 왕의 권한을 명시한 입헌군주제를 채택했고, 1974년 헌법 개정 때까지 공식적으로 존재했다. 스웨덴 의회(Riksdag)는 징세권을 행사하고, 왕과 입법권을 공유했다. 의회는 당시의 사회경제구조를 반영한 네 개(귀족, 성직자, 도시시민, 농민)의 신분 대표로 구성되었는데, 1865년 이 신분의회가 폐지되면서 양원제 의회가 도입되었다. 양원제는 1971년에 폐지되었다. 초기에 상원은 지주귀족과 산업가들이 주축을 이루고, 하원은 도시 및 전문직 중산층을 중심으로 구성되었다. 1880년대 스웨덴 정치는 크게 보수주의와 자유주의로 나뉘어 있었는데, 자유주의자들은 참정권 및 자유무역을 주장했다. 그 후 농민들이 자신들의 이익을 위해 조직화에 주력함에 따라 농업 대표들이 하원에 진출하게 되었다.

당시 정치적으로 우세하던 자유주의자들은 1884년 독일의 비스마르크형 사회보험제도와 같은 기여 방식에 의한 노동자 사회보험의 도입을 추진했다. 그러나 납부 능력이 되는 도시의 임금노동자만을 대상으로 하는 사회보험 도입 시도에 대해 농민층은 반발했고, 이들의 강력한 요구로 자유주의자들은 모든 국민에게 적용되는 보편적·비기여의 세금에 의한 사회보험으로 선회했다. 1907년 노령연금위원회가 구성되고 1913년 연금법이 통과되면서 세계 최초로 보편적인 국민연금제도(people's pensions)를 도입하게 되었다. 중산층 이상도 연금 대상으로 함으로써 부담도 하지만 혜택도 받게 했다. 20세기 초 경제성장 등 경제적 여건이 크게 개선된 것도 모든 국민을 포괄하는 공적연금을 가능하게 만드는 데 기여했다.

세금에 의한 보편적 연금을 주장한 농민층의 요구가 처음에는 받아들여지지 않았으나, 1907~1909년의 선거개혁으로 투표권을 갖게 된 농민층을 자유주의자들이 무시할 수는 없었다. 이 시기 보수주의자들은 산업가와 도시 사무직의 지지를, 사민주의자들은 노동계급을 끌어들이고 있어 정치적 입지가 좁아진 자유주의자들에게 농촌의 지지는 매우 중요해졌다. 자유당은 이념적으로 사회적 자유주의를 표방했는데, 도시 부르주아지와 농민층으로 구성된 자유주의자들은 보통선거권을 위한 민주화 투쟁 시기, 특히 20세기 초반에 크게 성장했다. 1911년 납세유권자에 의한 최초의 보통선거가 실시되었고, 자유당은 40% 지지로 제1당이 되었다.

사회민주당은 1889년 창당 이후 노동조합운동과 연계하여 성장을 거듭했다. 사민당은 노동자 계급정당이냐, 아니면 모든 사회적 약자를 위한 국민정당이냐를 놓고 내부 갈등을 겪었다. 독일 사민당과 같이 계급정당의 정체성을 강조하는 사민주의자들은 보편적 공적연금법에 그다지 긍정적이지 않았다. 어쩌면 이 시기에 노동계급의 정치적 힘이 더 강했다면 노사가 부담하는 기여 방식의 노동계급 중심의 독일식 사회보험제도가 도입되었을지도 모른다. 당시 유럽 선진국과 비교하여 경제적으로 낙후되었던 스웨덴에서는 농민 세력의 정치적 힘이 컸던 것이다.

지금 우리가 알고 있는 것과 달리, 사민주의자들이 처음부터 보편적 복지제도에 적극적이었던 것은 아니다. 보편적 복지제도는 사민주의자들이 집권하기 이전 자유당과 농민 세력에 의해 도입되었다. 덴마크에 비해 영세한 스웨덴 농민계급은 보편적 연금제도 혜택을 누렸는데, 빠른 산업화로 크게 늘어난 도시 임금근로자들이 그 세금 부담을 지게 되었다. 사회주의 이념보다 현실적인 사회 세력 간 힘의 관계 및 경제적 여건에 의해 보편적 복지제도가 시작되었던 것이다.

제1차 세계대전 이후 기존의 보수당, 사민당, 자유당에 공산당과 농민당이 포함된 5당 체제가 성립되었고, 이러한 정당 체제는 1988년 녹색당이 의회에 진입할 때까지 70년간 유지되었다. 스웨덴 특유의 정당 체제의 안정이 이루어졌던 것이다. 다른 유럽 국가에 비해 스웨덴 정치에서 정당은 매우 중요한 역할을 수행해왔는데, 모든 법과 정책이 정당을 통해 의회에서 결정되었기 때문이다. 순수 비례대표제를 바탕으로 정책 및 이념정당의 성격이 매우 강했다. 1969년에 도입된 '4%원칙(총 투표 수 4% 이상 득표해야 정당이 의회에 진입할 수 있음)'은 정당과 사회집단 간의 긴밀한 연계 외에도 군소 정당의 난립을 막고 정당 체제의 안정을 이룬 중요한 요인으로 작용했다.

스웨덴 모델이 성공하게 된 중요한 요인 중 하나는 바로 이와 같이 안정된 정당정치를 들 수 있다. 정당의 안정은 합의정치를 이끌어내고, 내각제에서는 연합정부를 통해 권력의 공유를 가능하게 만든다. 대의민주주의에서 정당이 제 역할을 못한다면 진정한 선진민주국가는 요원할 것이다. 2007년 현재 스웨덴 의회는 4년 임기의 의원 349명과 사민당, 온건당, 중도당, 자유당, 기독민주당, 좌파당(옛 공산당), 녹색당 등의 7개 정당으로 구성되어 있다. 특기할 사항은 전체 의원의 47.28%가 여성이라는 점이다.

사민당은 1920년 최초로 소수정부를 구성했고, 1932년에는 다수당이 되어 정권을 잡았다. 1920년과 1928년 총선에서 일부 산업의 국유화를 주장하기도 했지만 유권자의 지지를 크게 얻지 못했고, 국유화 계획은 사실상 완전히 포기되었다. 한손(Hansson) 사민당 당수는 1928년 의회 연설에서 국가는 모든 국민의 생존을 보장하는 '국민의 집(folkhem : the home of the people)', 즉 복지국가가 되어야 한다고 역설했다. '국민의 집'이라는 슬로건은 국가가 모든 국민의 안락한 집과 같은 존재가 되어야 한다는 공동체적 이념을 나타낸 것으로, 전통적인 국유화의 이슈 대신 보편적 복지국가의 이념이 사민당의 주요 목표임을 분명히 했다.

이에 따라 스웨덴의 복지국가는 1930년대 한손 수상(1932~1946년 재임)의 사민당 정부가 빈곤 추방과 인간적인 삶을 보장하려는 계획으로 본격화되었다. 이 계획은 국가의 세금으로 모든 국민에게 어떤 경우에도 기본적인 경제적 안전을 보장하며, 사회공학적으로 접근된 급진적이고 보편적인 복지국가를 지향했다. 1938년 사회복지위원회가 구성되었고 평등주의적

● 표 2-1 스웨덴 주요 정당들의 전후 선거득표율

(단위 : %)

선거 연도	사회민주당	보수당 (온건당)	농민당 (중도당)	공산당 (좌파당)	자유국민당
1928	37.0	29.4	11.2		
1932	41.72	23.45	14.08		
1936	45.79	17.55	14.33	12.87	3.30
1940	53.81	18.03	11.98	11.97	3.53
1944	46.5	15.8	13.6	10.3	12.9
1948	46.1	12.3	12.4	6.3	22.7
1952	46.0	14.4	10.7	4.3	24.4
1956	44.6	17.1	9.5	5.0	23.8
1958	46.2	19.5	12.7	3.4	18.2
1960	47.8	16.6	13.6	4.5	17.5
1964	47.3	13.7	13.2	5.2	17.0
1968	50.1	12.9	15.7	3.0	14.3
1970	45.3	11.5	19.9	4.8	16.2
1973	43.6	14.3	25.1	5.3	9.4
1976	42.7	15.6	24.1	4.8	11.1
1979	43.2	20.3	18.1	5.6	10.6
1982	45.6	23.6	15.5	5.6	5.9
1985	44.7	21.3	12.4	5.4	14.2
1988	43.2	18.3	11.3	5.8	12.6
1991	37.7	21.9	8.5	4.5	9.1
1994	45.3	22.4	7.7	6.2	7.2
1998	36.4	22.9	5.1	12.0	4.7
2002	39.8	15.2	6.1	8.3	13.3
2006	34.99	26.23	7.88	5.85	7.54

자료 : Thomas T. Mackie & Richard Rose(1991), *International Almanac of Electoral History*, Washington D.C. : CQ Press, http://www.ipu.org/english/home.htm.

보편주의 원칙하에 연금, 가족수당, 의료보험, 산재보험 등이 도입되었다. 1913년의 연금법을 확대하여 1946년 새로운 연금법이 도입되었다. 복지정책이 보편성을 갖게 되면서 하층계급의 일로 인식되었던 '복지'가 중간계층에게도 중요한 관심사가 되었다.

1930년대 초 경제공황으로 노동계층과 농민 모두 극심한 피해를 입었는데, 이들은 공통적으로 국가의 강력한 경제 개입을 요구했다. 사민당 내 이론가인 비그포르스(Wigforss) 재무장관(1932~1945년 재임)은 케인즈이론이 탄생하기 전에 수요관리정책을 입안하고 실시했다. 당시 나치 독일도 경제공황을 극복하기 위해 적극적인 수요관리정책을 채택했다. 일반 국민의 전반적인 생활 여건 향상을 위해 적극적 노동시장정책, 주택건설보조금제도, 특별실업보험제도 등 스웨덴식 뉴딜정책이 시행되었다. 퇴직연금급여도 크게 올렸다. 이러한 개혁적인 사회정책의 재원은 소득세, 상속세, 재산세의 누진율을 크게 높임으로써 충당했다. 중간계층 이상이 대부분의 경제적 부담을 담당했던 것이다. 그러나 기업에 대한 법인세는 낮은 수준으로 유지했다. 이러한 개혁정책의 성과에 힘입어 사민당은 1936년 총선 승리 후 농민당과 공식적인 연합정부를 구성하여 정권의 기반을 공고히 했다.

이에 더해 국가의 적극적인 중재로 이루어진 1938년 살트요바덴 대타협으로 스웨덴의 사회 코포라티즘이 본격적으로 발전하게 되었다. 당시 비그포르스 재무장관은 정치권력을 장악한 노동운동이 기업에 우호적인 여건을 제공해야 한다고 주장했는데, 이는 노사정 간 협력을 통해 경제성장을 달성해야 함을 강조한 것이다. 1938년 상원선거, 1940년 하원선거, 1942년 지방선거 모두에서 사민당은 50% 이상의 지지를 얻어 승리했다. 그래도 한손 총리는 연합정부의 중요성을 강조했는데, 권력 공유는 권력 독점보다 더 민주적일 뿐 아니라 갈등을 줄여 사회적 합의를 도출할 수 있다고 믿었기 때문이다. 실제로 사민당은 오랜 집권 기간에도 불구하고 1945~1951년, 1968~1970년에만 단독 집권했을 뿐, 대부분의 기간은 연합정부의 형태를 띠었다. 스웨덴 정치는 항상 갈등과 협력이 교차하거나 공존해왔다. 비례대표 선거제도는 정당 간 경쟁뿐 아니라 협력도 불가피하게 만들었기 때문이다.

사회 코포라티즘과
분배정치의 제도화

오늘날 유럽 강소국의 특징 중 하나로 사회 코포라티즘이 자주 거론되고 있다. 코포라티즘이란 원래 국가와 사회의 조합(mixture)을 가리키는데, 중요한 사회 세력들이 국가의 정책 결정 과정에 참여하는 형태의 정치제도를 말한다. 이들은 '사적 이익 정부(private interest governments)'의 역할을 함으로써 '조정의 정치'의 주체가 되었다.

이러한 개념의 코포라티즘은 19세기 후반부터 시작되었지만, 서유럽에서 노사정 간 정치적 타협에 의한 사회 코포라티즘은 경제공황, 파시즘, 제2차 세계대전 등을 거치면서 형성되었다. 제2차 세계대전 이후 노동과 자본은 노동 간·자본 간 조정을 이루고, 조직적 차원에서 제도화된 단체교섭을 통해 임금 및 노사 문제를 공동으로 조정하며, 3자협의제도를 통해 국가가 거시경제 및 복지정책을 조정하는 기제로 발전되었다. 조정의 성격은 나라마다 다른데, 예컨대 네덜란드는 공식적인 데 반해 스웨덴은 비공식적 조정이 지배적이었다. 사회 코포라티즘의 형성과 발전은 역사적 산물로서 나라마다 그 성격과 형태가 다르다. 사회 코포라티즘이 이익조정 체제인 것은 사실이지만, 계급적 이익만을 의미하지는 않는다. 한 예로 네덜란드에서는 20세기 초 정치적으로 강력했던 종교 세력이 자신들의 종교적 이익을 유지하기 위한 정치제도로 발전되었다.

계급타협이 스웨덴과 같은 작은 나라들에서 더 적극적이었던 데는 정치사회적·경제적 이유가 있었다. 노동운동을 중심으로 한 개혁적 좌파가 점진적으로 정치적 힘을 확대시켜온 것이 중요했다. 보통선거권과 비례대표제의 도입으로 상이한 정치주체 간 권력 공유가 가능해진 것도 중요한 이유가 되었다. 또한 경제적으로 대외의존도가 높은 개방경제 국가에서 이익집단 간 사회적 합의의 필요성이 커졌고, 이에 따라 노사협력 기반의 코포라티즘은 1960년대까지 경제 재건과 성장, 사회평화에 기여하면서 안정적으로 작동되었던 것이다. 경제 및 사회정책에서 국가 차원의 사회적 파트너십을 구축하여 이익집단, 국가 관료, 정당 간의 지속적 협상을 통해 갈등 문제를 공식·비공식적으로 조정해왔기 때문이다. 1970년대 중반 이후 1980년대 들어 성장이 둔화되고 경제위기가 발생하면서 이에 대응하는 방식으로 코포라티즘이 다시 주목을 받게 되었는데, 1982년 네덜란드의 바세나르(Wassenaar)협약을 시작으로 임금인상 자제, 노동시장 개혁, 복지개혁 등을 위한 사회적 합의를 만들어내려는 노력이 나타났던 것이다.

제2차 세계대전이 끝나가자 사민당은 완전고용사회에서 삶의 질과 복지를 어떻게 보장할 것인가 하는 문제에 지대한 관심을 갖게 되었다. 그러나 1948년 총선에서 계획경제와 일부 산업의 국유화를 강조한 사민당이 크게 후퇴하면서 전후 구상은 변경되었고, 경제적 호황을 배경으로 복지정치에 전념하게 되었다. 보수당은 시장경제와 개인재산권을 강조하면서 세금부담이 가장 큰 중간계층에 대한 지원을 주장했다. 사민당도 노동계층의 생활이 향상되고 경제성장으로 사무직 중간계층이 증가하면서 새로운 전략의 필요성을 느끼게 되었다. '소득에 연계된 보충연금(supplementary pensions)'으로 공적연금을 개혁해야 할 필요성이 대두되었다. '필요에 따른 분배'라는 평등주의적 복지국가의 원칙은 후퇴했고, 중간계층에 대한 부가연금제도인 보충연금 논의가 본격적으로 부상했다. 고임금 생산직 근로자들도 보충연금을 요구했고, 사민당은 중간계층에 큰 이익을 안겨주는 연금개혁 문제로 딜레마에 빠지게 되었다. 사민당 지지자들은 계급적 차이를 고려하지 않고 중간계층에게까지 무차별적으로 관대한 분배정책을 반대했기 때문이다.

국가연금급여를 높인다는 것은 부가급여가 가능한 집단과 법정연금에만 의존하는 집단 간 소득격차를 확대할 수밖에 없었다. 보수당과 사용자들은 자발적인 비법정의 보충연금제도를 주장했고, 사민당은 모든 근로자에 대해 강제적인 법정 소득연계 퇴직연금을 주장했다. 더구나 사민주의자들은 놀랍게도 개혁으로 크게 늘어날 연금기금을 투자, 경제 합리화 조치, 생산 증대를 위한 공적 투자자본으로 이용하는 방안을 구상하고 있었다. 복지투자의 증가는 산업 투자자원의 위축을 불러왔는데, 사민당은 투자재원을 마련하고 새로운 복지 욕구의 충족을 위해 보충연금제도를 도입하고자 했다.

그러나 1956년 총선에서 사민당이 후퇴하면서 모든 상황이 달라졌다. 중간계층 유권자는 물론 상대적 불이익을 우려한 많은 유권자가 사민당을 이탈했기 때문이다. 생산직 근로자들의 지지는 더 높아졌지만, 사민당의 정치권력은 궁극적으로 중간계층의 지지 없이는 지속되기 어려울 것이라는 점이 너무나 확실했다. 그러나 선거 패배는 오히려 반전의 계기가 되었다. 사민주의자들은 노동자를 위한 정책이 중간계층에 상처를 주지 않고, 중간계층을 위한 정책이 노동계층에 피해가 가지 않도록 계급 간 차이 또는 구별을 최소화하는 전략을 추구했다. 즉 '하나의 노동계급(one class)' 전략이었다.

사무직의 지지를 얻기 위해 전액연금 수급 자격을 40년에서 30년이 채 안 되도록 변경하여 고학력·고임금 사무직과 기혼여성 근로자에 유리한 조건을 만들었다. 가장 임금이 높은 시기를 기준으로 급여를 산출하게 한 것은 모두를 만족시키는 결과를 가져왔다. 사민당 정부는 1956년부터 연대임금정책을 실시하면서 근로자 간의 임금격차를 줄이기 시작했다. 사무직에 유리한 연금개혁이었지만 LO는 저임근로자의 임금 수준이 향상될 것을 기대했고, 사민당에 대한 유권자의 지지 확대가 곧 자신들의 이익과 직결되었기에 연금개혁에 동의했다.

엄청난 정치사회적 갈등과 대립을 초래한 연금개혁 문제는 정당 간 합의를 이끌어내지 못하고, 사민당은 결국 1957년 국민투표를 거쳐 자신들이 제안한 보충연금제도를 도입할 수 있게 되었다. 사민당의 전략은 사무직의 지지를 확보하는 성과를 가져왔다. 중간계급에 가장 유리하게 설계된 사민당의 연금개혁에 경악한 보수당은 오히려 노동계급 옹호자를 자처하고 나서는 역설적인 상황까지 발생했다. 중도 및 우파 진영은 사민당이 추진하는 연금기금의 대규모 투자기금화의 위험을 공격했지만, 1960년 총선에서 사민당은 48%의 높은 지지를 얻어 승리했다. 사민당의 새로운 전략은 전통적 지지자보다 정치적으로나 이념적으로 유동층인 사무직의 이익을 우선하는 것이었다. 보충연금제도의 도입으로 노동계급과 사무직 중간계급의 동맹이 이루어져 사민당은 안정적 집권의 토대를 구체화했다. 이에 따라 대부분의 화이트칼라가 노동계급과 더불어 복지국가의 강력한 지지자가 됨으로써 복지국가의 발전을 뒷받침했다.

연금개혁으로 사민당은 전후 평등주의에 입각한 사회민주주의적 개혁을 사회자유주의 방향으로 수정했다. 모든 국민을 하나의 공동연금 체계에 포함시킨다는 목표를 위해 기존의 정률급여 원칙을 깨고 소득연계급여라는 '규제된 불평등'을 수용한 것이다. 이로써 스웨덴의 사회정책은 새로운 방향을 갖게 되었다. 이 시기 사민당의 에를란데르(Erlander) 총리(1946~1969년 재임)는 개인의 자유와 공공의 책임이 조화되는 보편적 복지국가를 완성했다. 보충연금은 전적으로 세금에 의해 운용되는 보편적 정률 국민연금과 달리 세금 외에 사용자와 근로자가 공동으로 기여금을 부담했다. 전후 스웨덴 복지국가의 핵심이 시민권에 기반한 1946년 국민연금 체제에서 기여 원칙의 퇴직연금인 1959년 보충연금 체제로 이동했다. 이로써 사민당은 민간 및 공공 부문, 생산직 및 사무직 모두를 포괄하는 '하나의 노동계급', 우리 기준으로는 '하나의 중산층'을 만들게 되었다.

　1944년 급진적인 계획경제 프로그램 논쟁 이후 1960년대까지 분배정치가 거의 완벽하게 제도화되고 안정적으로 작동했다. 그리고 1960~1970년대에 복지지출이 급격히 팽창하면서 스웨덴 복지국가는 전성기를 맞게 되었다. 1960년까지는 세금이나 공공지출 수준이 다른 선진국들과 별 차이가 없었지만, 그 후의 복지지출 팽창은 조세 부담과 공공지출을 세계 최고로 만들었다.

시장경제와 민간기업의 성장

스웨덴의 산업화는 1870년대부터 본격화되면서 크게 발전하였다. 영국과 유럽 대륙의 경제붐으로 철광석과 목재 등에 대한 수요가 급증했기 때문이다. 이에 따라 1870~1890년대에는 기업가정신이 크게 고무되면서 많은 기업이 설립되었고, 국내 수요의 한계로 해외시장 개척이 활발했다. 1870년대는 유럽에서 자본주의 기업 경쟁이 심화되던 시기로 카르텔이 급속히 발전했고, 스웨덴도 예외는 아니었다. 19세기 말~20세기 초에 주요 산업이 발전했는데, 지금까지 세계적 경쟁력을 자랑하는 ABB(ASEA), 에릭손(Ericsson), 사브(SAAB), 스카니아(Scania), 볼보(Volvo) 등 수많은 기업이 이 시기에 설립되었다. 그 후 사민당 지배하에서도 이러한 사기업과 기업가정신이 인정되어왔다.

스웨덴은 1870~1914년 당시 서구의 세계화 조류에 적극 참여함으로써 1932년 사민당 집권 이전에 이미 높은 수준의 경제성장을 달성했다. 그 당시 일었던 팽창적 서구 자본주의의 거품에 휩쓸리지 않으면서도 이를 잘 활용했다고 볼 수 있다. 더구나 이러한 거품이 제1차 세계대전으로 비화됐지만 중립외교 노선으로 전쟁을 피할 수 있었던 것은 정말이지 현명한 전략이었다. 1930년까지 스웨덴은 영국이나 미국 등의 당시 자유시

장경제 국가들과 마찬가지로 '작은 정부'와 '시장경제'를 기반
으로 수출지향형 산업화에 매진했다.

스웨덴은 1870~1970년의 100년간 일본과 함께 세계에서 가
장 빠른 경제성장을 이룬 나라다. 특히 1870년대부터 1950년
까지의 생산성 증가 속도는 세계 최고 수준이었다. 한 세기에
걸친 급속한 경제성장을 가져온 요인은 경제개방, 교역 조건의
개선, 기업가정신 고양, 안정되고 효율적인 규칙, 대규모의 인
프라 투자, 광범위한 인적자본 투자, 사회평화, 자율적 시민사
회 등 다양하다. '좌파적 국가'라는 한국인들의 대체적 선입
견과 달리, 스웨덴은 원래부터 자유롭고 다원주의적이며 개방
적인 나라였다. 정부는 물적·제도적 인프라와 인적자본 투자
에 집중했는데, 이는 빠른 경제성장에 결정적으로 기여했다.
19세기 말에 이미 문맹률은 유럽에서 가장 낮았다.

산업화가 본격화된 1870년대 당시 스웨덴의 경제력은 유럽
16위로 상대적으로 후진국이었다. 그러나 풍부한 자연자원과
적절한 산업화 전략, 우수한 교육을 바탕으로 고도성장을 이루
면서 1929년에는 유럽 8위의 부국이 되었다. 1870년대부터 사
민당이 집권한 1932년까지 자유무역과 시장경제로 급격한 경
제성장이 이루어져 효율과 평등의 '스웨덴 모델'이 형성되기
전에 비교적 부유한 나라가 되었다. 특유의 스웨덴 모델을 발
전시킬 수 있는 물적 토대가 마련되었던 것이다. 이를 바탕으
로 1930년대 사민당 정부는 분배정책을 바로 시행할 수 있었는
데, 재정정책·노령연금·사회서비스·의료보호·교육 등에서
개혁적 정책이 도입되어 보편적·평등주의적 복지국가의 기초

를 다지게 되었다. 사민당은 집권 직후 고율의 누진세 및 소비세를 바탕으로 실업보험, 국민연금, 사회복지 등 정부지출을 늘렸다. 복지국가와 대기업 중심의 산업정책을 근간으로 한 스웨덴식 사회경제 모델이 구축되었고, 1970년까지 성장과 분배 모두에서 성공적이었다.

특이하게도 스웨덴 사민당은 연합정부에 참여한 1920년대 초부터 물가안정을 중요시했다. 시장의 자율적 기능과 물가안정을 강조했기 때문에 경제적 관점에서는 자유주의자들과 별반 다를 바 없었다. 그러나 경제공황기에는 수요관리에 중점을 두고 임금과 경제성장에 대한 새로운 정책방안을 제시했다. 저소비와 저임금을 경제공황의 원인으로 보면서 정부지출이 수요를 진작하여 성장을 유도할 수 있다고 보았다. 1931년 실업이 급증하고 외국의 수요가 줄어들자 수출이 큰 타격을 입게 되었다. 그러나 수요를 위축시켜 위기를 심화시키는 임금 감축은 경기 하락기, 즉 경기상의 실업 시기에 더 나쁜 영향을 미칠 수 있다고 판단했다. 이에 1933년 사민당 소수정부와 농업당 간 '위기협약(Crisis Agreement)'이 이루어졌다. 노동계급의 임금을 올리고 농민계급에게는 농산물보조금을 지급하는 두 계급 간 '적녹연맹'이었다. 케인즈주의적 수요관리정책이었던 위기협약은 그 후 복지국가의 전조가 되었다. 자본 세력도 이에 적극 협조했다. 실업을 낮추고 특별예산으로 공공근로사업 및 실업부조를 확대했다. 가격 유지를 위해 카르텔이 장려되었다. 경제 현대화와 빠른 산업화를 위한 산업구조조정 계획도 도입되었다.

팽창적 재정정책에도 불구하고 1932~1936년 경제정책의 온건성이 유지되었는데, 이는 사민당 정부가 디플레에서 벗어나자 곧 물가안정을 위해 적자재정을 균형재정으로 전환시켰기 때문이다. 성장 위주의 재정 확대는 장기적인 지속적 경제성장 달성에 도움이 되지 않는다고 판단하고 균형재정으로 물가안정을 꾀했다. 극심한 실업은 1930년대 말이 되면서 8~9%의 가장 낮은 수준으로 떨어졌다. 경기회복의 원인은 케인즈주의적 재정정책뿐만이 아니었다. 경제공황 시기에도 공공지출은 완만히 증가하였고, 영국이나 독일보다 낮은 수준의 공공지출을 유지했다. 위기협약에서와 같이, 당시 스웨덴 경제정책은 영국의 정통 통화주의나 독일의 보호주의적 카르텔 정책과도 구별되었다. 1931년 금본위제의 폐지로 독립적인 경제정책이 가능해졌고, 1933년 고정환율제의 채택으로 스웨덴 화폐인 크로나(krona)가 저평가되면서 수출이 늘어나고 수입이 억제되는 효과가 나타났다. 1930년대 대부분의 기간 동안 국제수지는 흑자를 기록했다.

적녹연맹이 1936년 선거에서 승리하자 당시 엄청난 자본을 축적한 자본 세력은 노사정 협상에 적극적으로 참여했다. 자본은 노조를 인정하고 복지국가를 통한 과감한 소득재분배정책을 수용하는 대신, 소유 및 경영권 보장과 파업 자제를 약속받았던 것이다. 또한 생산성 증가에 따른 임금인상원칙에 합의하고 사회적 연대에 입각한 단체임금협상 등을 약속했다. 사회 코포라티즘 타협인 살트요바덴협약에 참여한 자본은 수출대기업들이었는데, 이들 기업은 지속적인 성장을 위해 무엇

보다 임금관리와 사회평화가 필요했다. 스웨덴 사민당의 경제
정책이 케인즈주의 경제정책과 다른 점은 바로 재정정책보다
사회 코포라티즘 조정 방식으로 임금과 투자 문제를 해결하고
자 한 것이다. 생산수단의 공적 소유를 거부한 스웨덴 사민당
은 '사회적 조정(social coordination)' 방식을 채택하여 시장경
제를 운영했다.

1940년대 중반부터 노동과 자본의 대표가 정부의 각종 위원
회나 입법 및 정책연구에 참여하여 자신들의 이해를 표출하고
조정하여 정책에 반영하는 사회 코포라티즘 체계가 본격화되
었다. 사민당 정부가 주도한 비공식 노사정 협의체인 '목요클
럽(1945∼1955년)'과 '하프순트(Harpsund)회의(1955∼1964년)'
에도 참여했다. 사민주의자들은 경제성장과 고용의 토대가 되
는 투자를 위해 자본과의 협력관계를 매우 중요시했다. 이른
바 '하프순트 민주주의(Harpsund democracy)'라 하여 수상의 하
계 관저가 있는 하프순트에서 사민당 지도자들이 재계의 대표
들을 만나 경제 현안들을 협의했다.

당시 스웨덴의 자본 세력에 대해 잠시 살펴보도록 하겠다. 산
업화로 자본 축적을 이룬 기업가들은 노조에 대응하여 조직화
를 시작했는데, 1896년 엔지니어링산업협회(Verkstadsföreningen,
VF)가 가장 먼저 조직되었다. 자본 세력을 대표하는 SAF가
1902년에 설립되었고, LO와 전국 차원의 노사협상은 1906년에
처음 시도되었다. 산업 및 지역조직을 회원 단체로 한 SAF는
매우 집중화된 조직이었지만 회원 기반은 약한 편이었다. 주
요 수출산업을 지배하는 대기업들은 중소기업 위주의 SAF에

그다지 협조적이지 않았다. 중소기업과 대기업 간 이해관계가 일치하지 않았는데, 이들은 노사관계와 경제정책 등에서 이견을 노출했다. 1935년 LO 노조원이 100만 명을 넘어섰지만 SAF 전체 회원 기업의 LO 노조원은 30만 명에 불과했다. 수출대기업들은 자신들만의 특수한 이익단체인 'the Big 5(Direktorsklubben)'를 통해 활동했는데, 특히 1933~1953년에 매우 활발했다. 이들은 가족기업집단이었다. 이 시기에 스웨덴 모델의 모든 것이 확립되었는데, 수출대기업의 막후 역할이 지대했다.

1930년대 중반부터 SAF는 노조의 파업에 매우 부정적인 입장을 가진 보수당과 거리를 둔 대신, 사민당 정부 및 노조와의 협력을 강화했다. 그 후 SAF는 사민당 정부의 지원에 힘입어 정치적·경제적으로 중요한 독립된 조직으로 발전했다. SAF는 스웨덴 모델의 상징인 살트요바덴 노사협상을 제안했고, 중앙 임금협상의 제도화를 실질적으로 주도했다. 1983년 금속노조 (Metall)와 VF가 부문별 단체교섭을 체결하기 전까지 SAF는 LO 와 전국 수준의 단체교섭을 체결해왔다.

잘 알려져 있듯이, 스웨덴의 자본 집중 현상은 한국보다도 심한 편이다. 산업 전체가 소수의 부유한 가문에 의해 지배되고 있는데, 특히 최대 기업집단인 발렌베리(Wallenberg) 가문은 상장주식 시가총액의 40%, GDP의 30% 정도를 차지한다. 기업가정신을 자신의 '왕국'을 건설하려는 노력이라고 했던 슘페터의 시각에서 보자면, 그들은 존경받는 발렌베리 왕국을 만들었다. 스웨덴의 자본 집중은 1950~1960년대의 산업정책에 의해 생산성 높은 수출대기업의 자본 축적이 급격히 늘어난 데서 비롯된 것으로 알려져 있으나, 실제로는 제2차 세계대전 전부터 이러한 현상이 매우 두드러졌다. 스웨덴 같은 좌파정당이 지배하는 국가에서는 부가 집중되지 않을 것이라는 예상은 그야말로 추측이나 선입견에 불과하다. 1856년 스톡홀름엔스킬다은행 설립으로 시작된 발렌베리 가문의 기업은 1920년대부터 사민당과 긴밀한 협력을 유지했고, 좌파정당과의 이러한 상호공존은 발렌베리 번영에 중요한 토대가 되었다.

1911년 스웨덴에서는 은행이 일반기업의 주식을 직접 소유하거나 경영에 참여하는 것이 법적으로 허용되었다. 이는 독일의 영향을 받은 것으로, 금융자본의 산업 지배를 가능하게 만들었다. 그 결과로 1914~1920년에 카르텔과 기업합병이 빈번히 나타났고, 스웨덴 은행들이 대다수 상장기업의 지배주주가 되었다. 특히 1920년대 초와 1930년대 초에 다수의 기업이 파산했는데, 이들 기업을 은행이 인수하면서 은행을 소유한 가족기업들은 급성장하게 되었다. 발렌베리 가문의 스톡홀름엔스킬다은행도 여러 기업을 인수했는데, 이를테면 지금의 ABB, 스카니아, 에릭손 등이다.

1932년 단독 집권한 사민당 정부는 1934년 은행의 기업소유와 경영참여를 전면 금지하는 조치를 취했다. 1936년 선거로 사민당이 재집권하자 자본 세력은 노사정 협상에 참여하여 정부정책에 적극 협력하게 되었다. 이에 1938년 살트요바덴협약으로 사민당 정부는 소유 및 경영권이라는 자본의 특권을 인정했을 뿐 아니라, 은행들이 지주회사를 설립해 기존 소유주식을 양도할 수 있도록 허용함으로써 자본 세력과 타협했던 것이다. 폐쇄적인 내부 대주주에 의한 소유 및 경영구조, 자본에 대한 사회적 감시라는 스웨덴식 기업지배구조가 형성된 것이다. 이 과정에서 발렌베리 가문은 매우 큰 역할을 했다.

사민주의자들은 대기업의 국유화 대신 자본 세력의 기득권을 인정해줌으로써 공존을 선택했다. 이를 통해 기업들이 해외로 빠져나가는 것을 막고, 개혁프로그램에 대한 자본가들의 지지를 얻어낼 수 있었다. 개인에 부과되는 세금은 무거웠지만 기업법인에 대한 세금은 유럽에서도 가장 낮은 수준을 지속시킴으로써 기업에 우호적인 정책기조를 유지했던 것이다. 도산 상태에 직면한 기업을 기업이나 은행이 인수·합병하도록 함으로써 결과적으로 자본 집중을 조장했다. 사민주의자들의 핵심목표인 경제성장을 위해 규모의 경제를 추구하고 자본 집중을 수용했던 것이다. 사민당 정부의 우호적인 산업정책이 없었다면, 사민당과 수출대기업 간의 밀월이 없었다면, 발렌베리와 같은 거대기업 가문은 존재하기 어려웠을 것이다. 대신 수익을 내지 못하면 퇴출되어야 하고, 자본을 활용해 생산성을 높여야 하며, 시장에서 살아남아 성장해야 한다는 시장경제 원칙을 기업들로 하여금 철저히 고수하게 만들었다. 시장규율은 노동과 자본 모두에게 적용되었던 것이다.

최근 우리나라도 대기업의 지배구조 문제가 매우 민감한 정치사회적 쟁점이 되고 있다. 한국의 기업지배구조는 소액주주 보호, 경영 투명성, 시장규율 등에서 많은 문제를 안고 있는 것이 사실이며, 1997년 외환위기 이후 도입된 미국식 주주자본주의 원리와 충돌하면서 근본적 개혁은 피할 수 없는 과제가 되었다. 스웨덴의 가족대기업과 마찬가지로, 한국의 재벌 시스템 역시 역사적 산물인 동시에 시대적 필요성과 나름의 장점도 가졌다. 그러나 재벌개혁 요구가 거세지면서 소유구조뿐 아니라 경영구조, 감시 시스템 등과 관련하여 첨예한 갈등과 대립이 지속되고 있다.

최근 등장하는 다수의 연구에 따르면, 기업지배구조는 법적·경제적 문제보다 정치사회적 요인들, 즉 정치 및 정당 체제, 사회 세력 간 관계, 노동운동의 성격 등에 의해 더 큰 영향을 받는다고 한다. 발렌베리와 같은 대기업들이 지배주주 체제를 유지할 수 있었던 것은 사민당이 지주회사를 통한 피라미드 소유구조와 최고 1,000대1의 차등의결권을 허용함으로써 가능했다. 정치적으로 해결된 것이다. 1925년 당시 스웨덴 최상위 25개 기업 중 2개만을 지배했던 발렌베리 가문은 1967년 10개를 지배하게 되었다. 피라미드 소유구조는 발렌베리재단 → 지주회사 → 자회사로 연결되는 기업지배구조를 말하는데, 발렌베리공익재단에 대한 면세 혜택으로 이러한 소유구조가 가능했다. 14개 개별기업의 이윤은 지주회사에 배당되고, 다시 재단은 지주회사로부터 세금 없는 배당을 받아 그 수익이 발렌베리공익재단에 모아지는 것이다. 스웨덴에서 공익재단은 상장주식의 상당 부분을 소유하고 있다.

계급타협과 경기회복을 달성한 1930년대 사민당 정부의 가장 중요한 성과는 '생산성의 정치(politics of productivity)'를 시작한 점이다. 경제정책은 공적 소유가 아니라 효율과 성장의 과실을 공유하는 생산성의 정치라는 목표를 중심으로 입안되

● 표 2-2 스웨덴 주식시장의 소유구조

(단위 : %)

	1995	1997	1999	2001
비금융기업	9.4	7.8	6.8	8.2
금융기업	29.8	30.3	29.2	30.3
중앙정부	2.9	3.0	1.8	5.4
지방정부	0.7	0.5	0.3	0.2
보충연금기금	4.3	4.0	4.3	3.7
개인	15.4	15.3	15.0	13.7
공익재단	7.8	7.5	3.6	3.9
외국인 소유	29.6	31.6	38.9	34.6
합계	100	100	100	100

자료 : Whyman, Philip(2003), *Sweden and the 'Third Way' : A Macroeconomic Evaluation*, Aldershot : Ashgate, p. 214.

었다. 부의 축적 원천으로 경제 합리화와 실업 해결 등을 위한 구조적 변화, 즉 경제의 구조조정이 우선되었다. 경제 합리화와 생산성 향상이 노사 모두에 이익이 된다는 점을 강조했다. 노사가 협력하여 생산성을 높이면 단위비용이 낮아지고 임금이 올라 노사 모두에 보상이 되기 때문이다.

사민당은 임금인상이 경제 효율성과 장기적 성장에 긍정적 영향을 가져온다는 입장을 견지했다. 이러한 입장은 1951년 렌-마이드너(Rehn-Meidner) 독트린이 된 "LO보고서(Trade Unions and Full Employment)"로 발전되었다. 성장을 강조한 "LO보고서"는 자본주의적 합리화에 대한 노동운동의 인식 변화를 보여준 것이었다. 스웨덴 노조는 일찍부터 생산성 향상이 성장의 원천이자 고임금의 원천임을 인식하고 이를 지지하고 옹호해왔다. 높은 노조조직률과 사민당의 집권은 생산성

증대에 따른 이익금(surplus)을 공정하게 배분하는 데 중요한
역할을 했다.

자본 세력을 자기편으로 만들었다고 해서 사민당이 사회주
의라는 궁극적 목표를 포기한 것은 아니었다. 사민주의자들은
사회적 평등과 정의라는 사회주의 이상을 의회주의와 자본주
의 시장경제라는 현실과 조화시키기 위해 끊임없이 노력했다.
사민당은 마르크스주의에서 출발한 만큼 당의 강령은 이념적
선명성이 뚜렷했다. 그러나 현실정치에서 자본주의 시장경제
체제 자체를 거부한 적은 없었다. 오히려 자본주의적 성공이
사회주의로 이행된다는 슘페터의 주장을 염두에 두었는지도
모르겠다. 슘페터는 혁신에 의해 생산관계가 충분히 발전되면
기업가를 대신하여 전문가 집단이 발전을 담당하게 되고, 비판
적인 지식계급에 의해 자본주의 가치관이 무력해지며, 이러한
결과로 자본주의가 소멸된다고 보았다. 대규모 기업을 육성한
후 이를 장기적으로 '주인 없는 사회기업'으로 바꾸는 것이 자
신들의 궁극적 목표라고 한 비그포르스의 주장도 이와 무관하
지 않다. 1976년 제안된 임노동자기금, 즉 마이드너 플랜은 어
느 날 갑자기 튀어나온 것이 아니라 스웨덴 사민주의자들의 장
기 비전, 다시 말해 대규모 기업 육성 후 생산수단의 공유화 실
현이라는 구상에 따른 것이었다.

3

경제정책과 스웨덴 모델의 발전

01

전후 성장정책의 제도화

제2차 세계대전이 끝날 무렵인 1944년, 사민당과 LO는 전후 경제 및 사회정책을 입안했다. 전쟁 기간 중 스웨덴 공산당의 약진에 자극받아 경제에 대한 공적 통제의 확대 필요성을 강조한 새로운 정책노선의 핵심은 케인즈주의 경제정책을 국가계획경제와 접목시키는 것이었다. 완전고용을 최고의 목표로 지향하면서 국유화, 계획경제, 급진적 조세정책, 공공 사회서비스의 확대, 산업규제정책 등 급진적인 내용을 담고 있었다. 또한 경쟁과 효율을 높이기 위한 경제구조개혁에 정부 개입의 필요성을 역설했고, 생산성을 증대시켜 물가안정과 높은 실질임금을 달성하고자 했다.

대부분의 사회개혁안은 정치적 합의에 의해 의회에서 통과되었으나, 사회주의적 '국가계획(planning)'은 자본가뿐 아니라 농민당을 포함한 야당의 공격을 초래했다. 비록 전후 프로그램이 1938년 체결된 노사 간 기본협약의 정신과 내용에 대한 도전은 아니었지만 자본 세력은 크게 반발했다. 국가계획의 효율성과 시장기능의 효율성을 두고 정당 간 또는 계급 간 정치적 갈등이 고조되면서 이념적 투쟁이 격화되었다. 국가와 시장의 효율성 경쟁은 선거를 통해 시장 쪽 승리로 결판났다.

1944년 가을 총선에서 사민당이 후퇴하자 중앙계획경제 등 급
진적 정책들은 포기되고, 대신 경제성장과 완전고용이 가장 중
요한 정책목표가 되었다. 영국을 비롯해 제2차 세계대전 후 많
은 서유럽 국가에서 실시되었던 국유화가 스웨덴에서는 큰 지
지를 얻지 못했던 것이다. 국유화보다 기존의 정책대로 경제
를 더 발전시켜야 한다는 데 국민들이 공감하고 있었던 것도
중요한 이유였다.

　1944년의 급진적 경제정책이 후퇴하자 비그포르스 재무장관
은 소유 형태와 상관없이 경제계획은 가능하며, 공적 소유가
경제계획의 성공을 보장하는 것은 아니라고 강조했다. 실제로
LO는 전쟁 기간 중에도 경제성장이 가장 중요하다는 점을 강
조하면서, 생산수단의 국유화보다 노조주의의 힘으로 자본주
의를 수정할 수 있다고 보았다. 사민당 정부도 성장을 경제정
책의 핵심목표로 했다. 1930년대에 형성된 '생산성의 정치'가
지속되었던 것이다.

　비록 국가계획이 사민당의 이념으로 중요한 의미가 있었으나
계획의 개념은 기본적으로 경기 조절적 지출, 공적 투자의 조
정, 장기적 경기 예측을 의미하는 것으로 재정의되었다. 급진적
인 사회주의적 개혁은 후퇴했고, 사민당은 사회개혁을 위해 생
산 영역의 정치(production politics)보다 복지 영역의 정치에 의한
전략을 취하게 되었다. 노조는 노동자를 대표하여 경제 문제에
중요한 역할을 함으로써 생산수단의 공유가 아니라 '경제권
력'의 공유를 추구했다. 시장은 사회민주적 경제 운용의 최고
목표인 연대와 평등을 위한 역할을 하게 되었고, 정부의 개입은

무엇보다 이를 위해 시장기능을 조정했다. 물론 정통 사회주의 이념을 추구한 사민당 내 좌파는 완전고용, 평등임금, 누진세를 강조한 '노동운동의 전후 프로그램'을 반대했다.

1945년 세제개혁으로 부유세 및 상속세 등 누진세가 강화되고, 농민당의 지지로 보편적인 정률국민연금이 1948년 확대되었다. 정부지출이 늘어나고 관대한 복지정책이 도입되었지만, 1950년까지 공공고용이나 재정 팽창 정도는 다른 유럽 선진국들에 비해 약했다. 많은 서유럽 국가가 전쟁 복구를 위해 엄청난 재정지출을 하던 시기였으니 당연하기도 했다. 높은 경제성장이 지속되었고, 이를 바탕으로 다양한 소득재분배정책이 도입되거나 확대되었다. 소득재분배정책은 근로소득에 대한 높은 누진세, 소비세 강화 등 주로 조세 확대를 통해 이루어졌다.

마침 스웨덴은 전쟁의 피해가 없었던데다 수출이 급증하면서 호황을 맞았고, 전후 30여 년 동안 경제성장과 완전고용으로 복지국가는 최고로 발전되었다. 1950~1960년대에 이루어진 복지국가의 구축과 정부지출의 확대는 당시의 급속한 생산성 증대 및 경제성장과 잘 양립되었던 것이다. 이 시기의 경제정책은 수요관리와 함께 선택적 정책 개입이 일반적이었다. 세금 혜택, 보조금, 규제보호 등을 통해 민간투자를 활성화하고 행정수단을 통해 인프라 투자와 주택 건설에 영향을 미치는 것이었다. 주택 건설 및 수출대기업에 대해 엄청난 신용이 제공되었다.

전후 경제호황 가운데 사민당과 LO에게 중요한 정책목표는 완전고용 상태에서 심각한 인플레 없이 안정적인 경제성장을 계속하는 것이었다. 그러려면 높은 임금상승으로 인한 인플레를 사전에 방지해야 했다. 따라서 사민당의 기본정책은 긴축재정 및 금융정책을 통한 총수요 억제로 과도한 임금상승을 방지하는 것이었다. 사민당 정부는 간접세를 인상하고 긴축재정정책을 유지했으며, 재정수요 등을 위해 시행된 저이자율 원칙이 1955년부터 다소 약화되었다.

그러나 총수요억제정책은 인플레와 실업률 간의 대체관계에 의해 발생하는 실업 문제를 유발할 수도 있었다. 이를 사전에 해결하기 위해 물가안정과 완전고용을 동시에 목표로 한 '렌-마이드너 모델'이 정책으로 구체화되었다. LO의 경제학자 고스타 렌(Gosta Rehn)과 루돌프 마이드너(Rudolf Meidner)가 제안한 렌-마이드너 모델은 대기업 중심의 산업정책으로, 성장주의적 경제정책을 제도화하는 데 큰 역할을 했다. 이 모델의 본질은 전체적으로 기업의 이윤(율)을 낮추는 것이었다. 미시적으로는 연대임금정책을 통해 기업별·산업별 임금격차를 축소시켜 전반적으로 근로자의 임금을 높이고 기업의 평균 이윤을 낮추어 생산성이 낮은 기업을 구조조정하는 역할을 했다. 대신 생산성이 높은 기업으로 자본이 집중되도록 했다.

02

렌–마이드너 모델 : 연대임금과 산업 합리화, 적극적 노동시장정책

제2차 세계대전 후 산업별 노사협상이 이루어졌다. 곧바로 임금 인플레가 발생했고, 이에 1949~1950년 임금동결 조치가 실시되었다. LO는 1951년 총회에서 임금인상 자제의 중요성을 강조했는데, 산별 차원의 임금결정권을 LO로 넘겨 노조총연맹이 임금 조정의 역할을 하도록 결정했다. 이 총회에서 렌과 마이드너는 '계획된 임금정책(planned wage policy)'을 수단으로 하여 완전고용, 경제안정, 실질경제성장을 목표로 스웨덴 모델을 발전시키기 위한 전략을 제안했다. 계획된 임금정책과 연대임금은 1936~1941년과 1946년 LO 총회에서도 논의되었던 내용이지만, 1951년 총회에서 처음 중앙임금 조정과 연대임금이 공식 정책노선으로 결의되었던 것이다. 사실 LO는 1946년 계획된 임금정책 및 연대임금 실시를 내부적으로 합의해놓았다. 저임근로자의 임금을 높이기 위해 연대임금을 단체협상 대상으로 결정한 것이다. 어느 산업과 직종을 중심으로 임금 수준을 결정할 것인지에 대해 논란도 있었지만, 산업 평균의 임금이 연대임금으로 결정되었다.

SAF는 LO의 결의에 따라 1952년 중앙협상을 제안했다. 1948년부터 SAF는 산하 싱크탱크인 SNS(Center for Business and Policy

Studies)를 통해 정책보고서를 발간하고, 경제 및 산업 영역뿐 아니라 국가발전 모델의 중요한 한 축으로 민주적 코포라티즘 시스템에 참여했다. 이로써 SAF의 역할이 크게 확대되었는데, 1952년 100명에 불과하던 본부 스태프가 1970년 360명으로 증가했다. 임금안정을 통해 고정 환율과 교역 부문의 완전고용을 양립시키는 책임을 중앙임금협상하의 노사단체에게 위임시켰는데, 이는 곧 스웨덴 사회 코포라티즘의 핵심요소였다. 중요한 것은 SAF가 중앙임금교섭을 먼저 제기했을 뿐만 아니라 중앙임금협약이 공식적 권위를 갖게 하는 데도 결정적 역할을 했다는 점이다.

SAF가 중앙교섭을 제의했던 중요한 이유는 산별노조가 당시 강력한 임금 교섭력을 갖는 상태에서 산별노조 간 과도한 임금경쟁이 발생할 것을 우려했기 때문이다. 당시 SAF와 LO를 주도하던 조직은 VF와 금속노조였는데, 수출대기업들이 그 중심을 이루고 있었다. 스웨덴은 수출에 의존하는 개방경제 체제였기 때문에 경쟁에 노출되어 있는 교역산업 부문의 생산성과 국제경쟁력을 고려하여 임금이 결정되고, 대외경쟁으로부터 보호를 받던 내수 부문은 이에 따라야 했다. 즉 스웨덴 경제가 안정적 성장을 지속하기 위해서는 임금상승에 의한 인플레가 초래되지 않도록 거시적으로 조정되는 것이 무엇보다 중요했다. 따라서 SAF는 과도한 임금인상 억제와 거시경제 안정을 위해 전체 노동운동을 대표하는 중앙노조와 교섭하는 편이 산별노조원의 이익을 대변하는 산별노조와의 교섭보다 바람직하다고 생각했던 것이다.

교역 부문의 노동생산성 증가와 세계시장의 상품 가격 상승으로 인해 임금인상의 여지가 컸지만, 노사 간 임금협상은 그보다 낮은 수준에서 결정되었다. 이러한 임금정책 규범은 생산성이 높은 부문에서 고임금률이 결정되는 것을 방지했다. 중간 수준에서 연대임금을 결정함으로써 고생산성 부문의 임금인상 자제를 통해 인플레를 관리했던 것이다. 1970~1980년대에는 생산성이 높은 부문에서 결정된 고임금이 저생산성 부문에 그대로 파급되는 '스칸디나비아식 인플레' 현상이 나타나 경제가 어려움에 처했다. 임금인상 자제로 발생한 과다이윤 문제는 노사정 간 코포라티즘 타협 방식으로 해결되었다. 계획된 임금정책의 결과인 임금인상 자제와 함께 '연대적 임금정책(solidaristic wage policy)'이 추진되었다.

연대임금정책은 성장산업 부문에서는 임금상승 억제에 의한 과다한 이윤 축적을, 저임금 중심의 저효율의 산업 부문에서는 생산 합리화나 퇴출을 유발시키는 것이었다. 국가는 성장산업 부문에서 축적된 과대 이윤을 재투자로 유인해 고용을 창출하는 한편, 적극적 노동시장정책으로 저임산업에서 발생하는 실업자들을 재교육·재훈련시켜 성장산업으로 이동시키고자 했다. 자본 집중에 의한 성장전략을 채택했던 것이다. 스웨덴 경제가 일찍부터 국제경쟁에 노출되어 있었기 때문에 자유무역과 산업구조 합리화에 대한 믿음은 이미 스웨덴 노동운동에 깊이 뿌리내리고 있었다. 이러한 스웨덴 사민당의 '비연대적 이윤정책'은 수출 중심 대기업에 우호적이었고, 그 결과 자본의 집중을 심화시켰다.

렌-마이드너 모델(렌 모델이라고도 함)은 전체 노동운동의 장기적 이익을 저임근로자 노조의 단기적 소득재분배 문제와 동일시함으로써 저임근로자 노조의 임금인상 요구를 정당화했다. 렌 모델의 핵심인 산업 내 동일노동 동일임금 원칙은 사용자의 지불 능력이 아니라 노동의 성격에 의해 임금이 결정되어야 한다는 것이다. 이러한 연대임금 원칙은 노조 간 임금경쟁을 완화시켜 노동운동으로 하여금 소득정책의 문제에서 벗어날 수 있게 만들었다. 저임근로자의 임금인상을 위한 노동운동 전체의 일치된 노력은 덜 효율적인 기업과 산업을 퇴출시키고, 고임근로자의 임금인상 자제는 효율적인 기업과 산업을 더 성장하도록 만들었다.

렌 모델은 생산성 증가가 실질임금 상승과 복지국가 발전에 핵심적인 전제조건이 된다고 보았다. 즉 효율성 없는 스웨덴 모델은 존재하지 않았던 것이다. 또한 렌 모델은 자본주의적 경제발전과 강력한 노동운동을 양립시키는 데도 성공했다. 1956년부터 실행된 렌 모델은 스웨덴 사민주의를 서유럽의 사민주의와 질적으로 다르게 발전시킨 핵심정책이라고 할 수 있다. 국유화나 직접개입보다 시장원리에 의한 스웨덴식 산업정책이 실행되었던 것이다.

산업합리화정책은 지나친 경기과열을 막기 위한 총수요억제정책과도 밀접히 관련되었다. 기업이윤을 압박(profit squeeze)하는 렌 모델은 1950~1960년대 설비자본의 수익률 하락을 가져왔다. 그러나 총고용과 총투자에 대한 렌 모델의 부정적 영향은 노동력 이동을 촉진하는 적극적 노동시장정책과 선택적 투자지원정책을 통해 효과적으로 대처되었다. 그 결과 더 빠른 자원 재분배와 생산성 향상을 가져왔는데, 이는 절대적으로 대기업에 유리하게 작용했다. 이러한 자원의 재분배와 생산성 증대에 노조는 우호적인 태도를 보였다. 낮은 평균이윤, 낮은 임금격차, 자본시장과 노동시장에 대한 정부의 선택적 개입으로 특징지어지는 렌 모델의 성장 전략은 정부 정책에 대한 노조의 영향력을 보여주는 중요한 사례다. 연대임금정책과 노동시장 및 자본시장에 대한 개입적 정부 정책은 1970년대 중반까지 스웨덴 모델의 중요한 특징이었다. 또한 이러한 정책 조합은 스웨덴 모델의 본질인 경제성장과 혁신의 재분배적 결과를 노조주의와 일치시켜 성장과 분배, 평등과 효율성 모두를 달성하게 만들었다.

스웨덴 모델이 자랑하는 '생산성의 정치'의 핵심은 경제적 합리성에 대한 믿음과 경제성장이 궁극적으로 계급갈등을 해소한다는 인식에 있다. 사민주의자들은 경제성장이 본질적으로나 전략적으로 매우 중요하다고 보았다. 경제성장은 모두에게 이득을 준다고 믿었기 때문이다. 이를 위해 사민당이 선택한 자원배분정책은 수출대기업 및 주택 건설의 투자를 우선하는 의도된 불균형 성장 전략이었다. 노조 또한 생산성을 우선했다. 경제성장과 효율성을 중시하는 사민주의자들과 합리적인 국민성은 노조 지도자로 하여금 성장과 효율성을 최고의 목표로 인식하게 만들었다. 전후 경제성장과 분배의 총책임자였던 에를란데르 총리는 훗날 빠른 경제성장 없이는 보충연금개혁도 주택 건설도 불가능했을 것이라고 말했다. 즉 복지와 평등의 스웨덴 모델은 빠른 경제성장에 기인했다는 뜻이기도 하다.

스웨덴 사민주의는 렌 모델을 정부 정책으로 채택함으로써 획기적인 전환을 맞는다. 이윤압박에 의한 산업 합리화로 저임 직종의 임금을 올려 장기적으로 저임·비숙련 노동 기반의 산업을 도태시키는 것이었다. 국가의 역할과 자본의 투자는 시장의 유연성과 경제의 생산성을 제고하는 산업구조 합리화에 집중되도록 했다. 국가는 투자기금제도(1955년)와 보충연금제도(1959년) 등을 통해 고생산성 산업에 축적된 이윤을 투자와 고용창출에 기여하도록 관리했다. 스웨덴 모델의 핵심역할을 한 렌 모델은 효율성과 평등의 균형을 가능하게 했다. 중앙임금협약에 의한 임금인상 자제와 연대임금정책은 그 자체가 경제계획이자 산업합리화정책을 촉진하는 수단이 되었다. 임금인상 억제는 인플레 관리와 연대임금을 위해 노동 세력이 양보한 것이니만큼 이로 인해 사용자가 얻게 될 이윤은 당연히 공유되어야 했다. LO는 이러한 이윤이 더 높은 경제성장을 위해 사용되어야 한다고 주장했다. 사회 코포라티즘 체제가 이같은 이윤 공유 방식을 가능하게 만들었다. 렌 모델은 완전고용뿐 아니라 물가안정을 통한 인플레의 억제를 중요한 정책목표로 했기 때문에 총수요의 촉진을 통해 경제성장과 완전고용을 추구하는 케인즈주의적 정책과 차별화되었다.

투자기금제도와 보충연금제도는 일종의 강제적인 공공저축제도로서, 기금은 주로 대기업의 투자자본으로 활용되었다. 기업 이윤의 일부를 투자기금에 적립하도록 하고 일정 기간 이후, 특히 경기침체기에 기업들로 하여금 주로 자본재, R&D, 근로자 훈련 등에 투자할 수 있도록 했다. 막대한 보충연금기금 또한 경제적으로 중요한 역할을 했다. 사민당 정부는 국가가 통제하는 투자자본을 관리하기 위해 중앙계획과 경제민주주의를 구상했는데, 연금기금은 그 정책수단이 되었다.

자본 활용도를 극대화하여 생산성을 증대시킨다는 원칙은 민간기업은 물론 공공 부문에도 적용되었다. 한국의 경제성장이 국민의 저축을 투자자금으로 정책금융화하여 기업 투자로 돌린 것과 마찬가지로, 스웨덴은 법정연금이라는 강제적 국민저축을 통해 고도성장을 위한 자본을 마련했던 것이다. 다만 한국은 민간저축으로는 부족한 투자자금을 외채를 통해 해결한 반면, 스웨덴은 이미 19세기 말부터 축적된 상당한 수준의 자본이 있었다. 막대한 연금기금이 공공 투자자본으로 주택건설과 산업 건설 등에 제공되면서 사민당 정부의 산업정책과 경제계획에 매우 중요한 역할을 하게 되었다. 1970년대에 나온 임노동자기금(wage-earners' fund)도 내용적으로는 투자자본의 사회화 조치로서 투자기금제나 보충연금제와 같은 원리에 따른 시도였다. 그러나 50인 이상의 기업은 연간수익의 20%를 신주 형태로 기금에 적립하도록 한 임노동자기금은 그 성격이 기업 소유구조를 흔들 수 있을 만큼 매우 급진적이었고 결국 실패했다.

스웨덴 모델의 반은 임금인상 억제이고 반은 생산성 임금이라고 할 수 있을 정도로 임금정책은 중요한 역할을 했고, 경제정책과 사회정책을 연계시키는 핵심전략이 되었다. 최초의 중앙임금교섭은 1952년부터 있었지만 LO-SAF 중앙임금교섭 체제가 제도적으로 정착된 것은 1956년에 이르러서다. 이 제도로 LO는 렌 모델의 연대임금정책을 추진할 수 있게 되었다. LO는 가장 힘이 약한 노조들의 임금인상 요구를 집단적으로 지원하는 방식으로 임금협상을 조정했다.

1950년대 LO와 SAF 간의 중앙임금협상의 제도화는 임금인상을 억제하려는 사용자와 정부가 노력한 결과였다. 그 결과 1960~1970년대 블루칼라 근로자 간 임금격차가 크게 줄어들었다. 1956년 이전까지만 해도 LO-SAF 대표들이 중앙임금협약에 합의하더라도 회원노조가 인정하지 않으면 그만이었고, 노조원들의 승인투표를 거쳐야 하는 경우가 많았다. 그 당시 LO는 회원노조들에 대해 강력한 통제력을 갖지 못했다. SAF는 LO-SAF가 합의한 중앙임금협약에 반발하는 노조들에 대해서 직장폐쇄로 강력히 대응했다. 실제로 1955년에 섬유 노동자들의 반발에 대해서 SAF는 직장폐쇄를 단행했고, 1954년 건설업 노동자와 1955년 제지산업 노동자 반발에 대해서는 직장폐쇄 위협으로 중앙임금협약에 응하도록 했다. 1956년 이후에는 중앙임금협약에 대해서 노조원들이 승인투표를 하는 경우가 크게 줄어들었고, 중앙임금협약은 산하 조직에 대해서 실질적이고 공식적인 권위를 인정받게 되었다. 이는 스웨덴 모델의 형성과 발전에 자본의 역할이 얼마나 결정적이었나를 잘 보여준다. 고도로 집중화되고 조직화된 노동과 자본이 오랫동안 중앙 차원의 임금협상을 지속함으로써 스웨덴의 사회 코포라티즘 합의 수준은 크게 높아졌다.

연대임금은 생산성이 높은 고임금 부문이 임금비용을 줄이고 기존 근로자의 기득권을 보호하기 위해 고용을 축소하는 이른바 '노조독점 모델'의 부작용을 방지하고 효율적인 자원배분을 촉진하는 데 중요한 역할을 했다. 중앙교섭에 기반한 연대임금정책이 실시되지 않았다면 산별 차원에서 임금이 결정되었을 테고, 생산성이 높은 부문에서는 높은 임금상승이 지속되고 생산성이 낮은 부문도 노조의 압력으로 임금이 올라 심각한 인플레를 초래했을 것이다. 그 결과 고생산성 부문은 임금비용 때문에 투자와 성장의 여력이 축소되고, 저생산성 부문은 지체된 상태가 지속되었을 것이다. 따라서 1960년대까지 중앙교섭에 기반한 연대임금정책은 동일노동 동일임금의 완전경쟁시장의 임금규범을 관철함으로써 시장친화적 자원배분을 확립하고 효율성과 평등을 동시에 달성했다.

렌 모델을 제안한 학자들은 처음부터 연대임금정책에 따른 경제 합리화를 촉진하려면 고용에 대한 정부의 적극적인 지원이 필요하다고 강조했다. 곧바로 적극적 노동시장정책이 추진되었으며, 1960~1970년대까지 지속적으로 확대되었다. 이는 직장이동을 통한 고용보장정책으로, 사양산업의 폐쇄에 따라 일자리를 잃은 근로자는 정부의 적극적 노동시장정책에 의해서 직업재교육을 받고 새로운 산업에 배치되도록 했다. 즉 직장이동에 따른 비용을 지원하여 특정 지역 또는 특정 부문 및 기술에 나타나는 노동력 공급의 병목현상을 해소했고, 훈련과 재교육을 통해 노동력이 부족한 부문에 노동력을 공급함으로써 노동력 부족에 따른 임금인상 문제도 해결했다. 다시 말해 스웨덴의 노동시장정책은 직장보호가 아니라 고용보호에 있음을 알 수 있다.

완전고용은 수요 측면에서의 팽창정책이 아니라 실업이 발생하는 현상을 겨냥한 적극적 노동시장정책에 의해 유지되었다. 바로 이러한 방식을 통해 완전고용에 따른 인플레 문제를 해결했던 것이다. 또한 이와 같은 공급 중시 정책은 지속적인 산업 합리화에 대한 근로자의 저항을 완화시킬 뿐 아니라, 구조조정 자체를 가속화시키는 역할을 했다. 적극적 노동시장정책은 단순히 고용을 늘리는 데 의미가 있는 것이 아니라, 숙련된 양질의 인적자본을 만들어내고 노동시장 참여를 위한 동기를 부여하는 데 그 중요성이 있다고 할 것이다. 이러한 고용 중심적 정책을 펼친 것은 '복지의 첫걸음은 고용'이라고 할 만큼 고용이 소득안정과 소득평등에 매우 중요한 역할을 한다고 보았기 때문이다. 적극적 노동시장정책으로 가능한 한 많은 노동력을 노동시장에 통합시킴으로써 노동시장의 질적 유연성을 높이고, 고용단절에서 오는 인적자본의 질적 하락을 막을 수 있었던 것이다. 덕분에 스웨덴의 노동시장은 1980년대에도 저실업률을 유지하고, 장기 실업자는 거의 존재하지 않게 되었다.

한편 스웨덴의 노사관계는 전통적으로 정부의 개입을 최소한으로 제한하는 방식으로 발전되었다. 그 결과 1970년대 중반까지 그 어떤 소득정책도 적극적으로 시행되지 않았다. 1956~1982년 임금인상률과 임금 패턴은 노사 간 중앙교섭에 의해 자율적으로 결정했다. 그러나 노사정 3자 정책협의제도는 이미 제2차 세계대전 중에 시행되었고, 그 후에도 매우 효과적으로 작동되었다. LO가 SAF의 중앙교섭 제의를 받아들이고 거시경제 안정을 위해 임금인상을 자제할 수 있었던 것은 중앙교섭을 기반으로 한 노사정 간 사회적 코포라티즘을 통해서 미래 임금소득 및 고용 증대를 기대할 수 있었기 때문이다.

노조가 지지하는 사민당 정부는 임금인상 자제로 증가한 기업이윤을 투자뿐 아니라 조세 및 공공기금제도로 흡수하고, 중앙은행과 금융시장에 대한 통제를 통해 생산적 부문에 자원이 투입되도록 했다. 이와 동시에 직접임금의 억제를 복지국가의 사회서비스 제공과 연금, 가족수당, 의료보험, 주택보조금, 질병수당 등 이전소득 지출 형태의 사회적 간접임금으로 보충할 수 있었기에 계급타협이 가능했다. 자본주의 사회에서 중요한 이익집단인 노사 대표가 안정적 경제성장을 위해 국가와 협력하는 사적 이익정부의 역할을 했던 것이다. 정부가 노사관계에 직접 개입하지는 않았지만 노동조직과의 정치적 교환을 통해 중요한 역할을 함으로써 전국적 수준의 노사 단체협상의 제도화에 핵심역할을 했던 것이다.

자본의 독점화와 노동의 급진화

렌 모델 역시 부작용 없는 완벽한 정책은 아니었다. 사민당 정부가 렌 모델을 추진할 수 있었던 것은 고용의 중요성을 인식한 근로자들이 LO의 통제를 받으며 중앙임금협상과 연대임금을 수용했기 때문이다. 1950~1960년대의 눈부신 사회개혁과 발전은 이 시기의 경제적 성과에 기인했다. 1970년에 국민소득 세계 4위의 부국이 되었다. 그러나 오랫동안 지속된 산업평화가 1960년대 말부터 불법파업으로 위협받고, 호황이 끝나감에 따라 경제적 불안정과 근로자들의 불만이 증대되면서 스웨덴 모델은 위험에 처하게 되었다.

완전고용과 복지제도가 정착된 1960년대 후반부터 고임금 노동자들은 임금인상 억제에 대해, 그리고 저임금 노동자들은 생산 합리화로 인한 작업의 고강도화와 이직에 따른 단기적 실업이나 불편한 일상생활에 대해 불만을 드러내기 시작했다. 산업구조 합리화 과정에서 직장이동이 크게 늘었고, 연대임금 정책에 대한 일반 노조원의 불만은 곧바로 상부 노조에 대한 압력으로 작용했다. 연대임금으로 임금상승이 상대적으로 둔화된 노조와, 임금 평등화가 기대만큼 이루어지지 않은 노조 모두 나름대로의 불만이 각각 쌓여갔기 때문이다.

그러나 무엇보다 중요한 것은 렌 모델이 기업의 거대화와 소유의 집중화를 가져왔다는 점이다. 임금 평준화에 따라 자원이 생산성 높은 기업으로 집중되는 효과가 나타나면서 자산 집중이 심화되었기 때문이다. 동전의 양면인 연대적 임금정책과 비연대적 이윤정책은 자본 집중을 가속화시켰던 것이다. 이는 결국 한 업계에서 가장 생산성이 높은 기업만 살아남는 치열한 구조조정을 유발했고, 스웨덴은 대기업에 의한 경제집중도가 세계에서 가장 높은 나라가 되었다. 집권 이후 40여 년 동안 생산성과 규모의 경제를 추구한 사민주의자들 덕분에 볼보, 에릭손, 사브, 이케아(IKEA) 등에서와 같이 높은 생산성과 국제경쟁력을 자랑할 수 있게 되었다.

대기업 중심의 불균형 성장 전략을 시행한 사민주의자들은 독점대기업의 등장을 어느 정도 예상했기 때문에 이러한 현상에 대해 크게 고민하지는 않았다. 이들은 균형을 분배의 조건으로 보지 않았다. 기업에 대한 세제도 대기업 중심의 성장정책을 반영한 것이었다. 명목법인세율이 미국이나 유럽 국가들보다 낮고, 다양한 조세감면 조치를 통해 기업의 실효 법인세율을 훨씬 더 낮게 만들었다. 수출대기업에 대한 세제 혜택은 과거 우리의 정책과 너무나 비슷했다. 다른 점은 한국에서는 대기업에 대한 혜택이 지금은 거의 사라졌다는 것이다.

또 다른 문제는 공식협약 수준보다 더 높은 임금이 지급되는 '임금부상(wage drift)' 현상이었다. 인플레를 통제하기 위한 렌 모델의 정책은 완전고용과 수출기업의 막대한 이윤을 가져와 임금인상 압력으로 작용했다. 장기간의 경제성장으로 임금상승 억제가 사실상 더 지속되기 어려워졌다. 임금부상 현상이 심각해지면서 실질 임금인상의 50%까지 차지했고, 결국 임금 격차가 커지고 임금경쟁이 나타나 노사 모두에게 바람직하지 않은 영향을 미치게 되었다. '계획된 임금정책'이 작동하지 않게 되면서 연대의 원칙도 약화되었다. 더구나 1960년대 후반 이후 공공 부문과 사무직 부문의 급격한 성장으로 노동계급이 분화되면서 임금교섭의 단일화도 어려워졌다. 생산직노조와 사무직노조 간의 결속력은 갈수록 약화되었고, 생산직보다 높은 임금의 사무직노조는 LO의 연대임금정책에 대해 소극적이 었다. 사무직노조연맹인 TCO는 LO와 오랫동안 협력했지만 정당한 임금격차에 대한 인식 등에서 LO와 다른 태도를 나타냈으며, 전문직노조연맹인 SACO는 연대임금제에 대해 반대 입장을 견지했다.

이러한 상황에서 1965년 사민당 내 좌파의 팔메(Palme) 수상은 경제민주주의, 즉 자산의 재분배를 주창했다. 그러나 자산의 재분배는 살트요바덴협약의 타협 정신에 어긋나는 것이었다. 생산성과 경제성장률을 높여 세계에서 가장 높은 수준의 복지국가를 가능하게 한 사민당의 성공이 내부의 위기를 초래했던 것이다. 자산의 재분배 문제는 1960년대 말부터 나타난 노동운동의 급진화 및 전투성과 맞물려 증폭되었다. 노동운동이 급진화되면서 연대임금은 동일노동 동일임금이 아니라 '모든 노동 동일임금'을 주장하게 되었고, 이러한 급진적 이념으로 인해 결국 스웨덴의 자율적인 노사 모델이 와해되기에 이르렀다. 드디어 1971년 LO 총회가 경제민주주의를 결의하여 본격적인 사회주의 실험을 실시하면서 스웨덴 모델은 근본적으로 변화 또는 변질되기 시작했다.

LO와 사민당은 렌 모델의 문제들을 해결하기 위해 노동과 자본 간의 타협에 도전하는 새로운 급진적 정책들을 추진했다. 당시 강력했던 노동운동의 본산인 LO는 자본과의 대립, 즉 노동운동의 계급화 전략을 선택했다. 노동운동의 좌경화는 스웨덴 모델이 그 활력을 다해감에 따라 발생하기 시작한 문제들, 즉 렌 모델에 의한 자본의 독점화, 노조 내부의 민주적 의사결정의 경직화, 노동계급의 분화 등의 문제를 돌파하기 위해 선택한 전략이었다. 고도로 중앙화된 노사관계는 하부노조 활동의 위축과 획일화를 초래했는데, 근로자들은 임금 등의 근로조건뿐 아니라 경영과 노조 자체의 문제 등 산업 민주화의 확대를 요구했다. 고용안정과 하부 단위노조의 활성화를 목표로 일련의 개혁입법을 추진했는데, 노사공동결정법(Codetermination Act)의 제정으로 고용과 해고에 대한 자본의 권한을 제한하고 임노동자기금의 입법화로 소유 집중 문제를 근본적으로 개선하고자 했다. 직장이동을 촉진한 노동유연성을 포기하고, 산업의 광범위한 국유화를 추구했다. 소득세의 한계세율은 최고 80%까지 높아졌고, GDP 대비 조세 부담률은 OECD 국가 중 최고 수준으로 상승했다.

산업민주주의를 위한 노력이 경주되면서 LO와 TCO는 근로자의 권리를 확대하고 사업장에 영향력을 미칠 수 있는 야심찬 노사관계 프로그램을 만들었다. 산업민주주의의 제도화를 통해 LO 지도부는 노조원의 전투성 해소, 지부 노조조직의 활성화, 임금협상의 중앙통제 유지 등을 목표로 했다. 또한 산업민주주의 문제를 1960년대 들어 급격히 성장한 TCO와의 협력을 위한 가교로 생각했다. TCO의 지지를 얻기 위한 노력은 사민당은 물론 자유당과 중도당도 예외가 아니었는데, TCO는 집권 사민당과 우호적 관계를 유지했다. 1972~1976년 동안 다수의 친노동적 법률이 의회를 통과했다. 이는 산업민주주의에 대한 TCO의 지대한 관심을 반영한 것이기도 했는데, 생산직노조뿐 아니라 사무직노조의 강력한 지지로 성공적으로 도입되었다. 1976년에는 LO의 강력한 정치적 압력으로 노동자의 이사회 참여와 주요 경영 이슈를 단체협약 대상에 포함시키는 노사공동결정법이 제정되었다. 경영권을 경영자의 배타적 권한으로 인정한 살트요바덴협약 정신에 도전하는 산업민주주의 개혁프로그램은 단체협상 대상을 크게 확대했고, 그 결과 사업장 차원에서 근로자와 노조의 권한이 크게 강화되었다.

산업민주주의를 이끌어내면서 정치적으로 성공한 LO는 드디어 집단적 이윤 공유를 통해 경제의 소유구조를 점진적으로 변화시킬 방안을 제안하게 되었다. 1976년 LO 총회에 "마이드너(Meidner)보고서"가 제출되면서 그 유명한 '임노동자기금' 논란이 유발되었다. 이 안에 따르면 근로자 50 또는 100인 이상의 기업은 연간수익의 20%를 신주의 발행으로 임노동자기금에 적립하도록 한다. 적립된 이윤은 기업의 이윤과 자산에 따라 결정되므로 이윤이 높을수록 신주의 발행이 증가함으로써 소유의 이전은 더욱 촉진된다. 새로운 형태의 집단소유 자본이 되는 것이다.

개별적 이윤 배분 방식을 거부한 "마이드너보고서"는 임노동자기금제도의 세 가지 정당성을 제시했다. 첫째, 임노동자기금은 일부 기업의 '지나친 이윤'을 중화함으로써 임금연대를 강화할 수 있다. 고생산성 기업의 임금상승이 임금의 연대성을 크게 훼손했기 때문이다. 둘째, 부의 집중을 막고 노동의 재분배 요구와 기업의 금융구조 균형에 대한 요구를 실현할 수 있다. 수출대기업은 금융 특혜를 비롯해 많은 혜택을 받았지만 중소기업은 이러한 지원에서 소외되어왔던 것이다. 셋째, 임노동자기금으로 기업 자본의 소유권을 갖게 될 노조와 근로자는 기업의 의사결정에 영향력을 행사함으로써 1972~1976년의 산업민주주의 개혁을 완성할 수 있다. 그동안 사민당 정책에 의해 고도성장한 대기업에 대한 노동자의 경영참여를 실현하고 소유권의 사회화로 사회주의로의 이행을 추진하는 것이다.

이로써 사민당은 대기업을 장기적으로 '주인 없는 사회기업'으로 전환한다는 정통 강령, 즉 생산수단의 사회화 실현을 구체화하려 했다. 슘페터의 자본주의 발전에 의한 사회주의 이행 이론이 현실화되는 상황이 도래한 것일까. 사회주의로의 이행 조건이 성숙되지 않은 단계에서 발생한 1917년의 러시아 볼셰비키혁명은 비민주적이고 민중의 삶을 향상시킬 수 없다고 보았던 스웨덴 사회주의자들이 진정한 사회주의를 실현하고자 한 것이다.

이 전략은 기능적 사회주의라는 이념으로 생산수단의 사적 소유는 인정하되 주로 조세정책과 사회복지정책을 통해 소득과 소비의 균등분배를 달성하는 데 주력해온 기존의 전략을 벗어나는 것이었다. 자본가의 경영권과 소유권을 보장했던 1938년의 계급타협에 종지부를 찍는 엄청난 시도에 자본가는 크게 반발했다. 사민당 내에서도 반대여론이 나타나면서 LO와 당이 갈등을 겪게 되었다. LO의 이러한 계급화 전략은 자본의 격렬한 반대를 초래했을 뿐만 아니라 우파 진영을 결속시키고 좌파 진영을 분열시키는 결정적 요인이 되었다. 우여곡절 끝에 사민당 정부는 1984년 크게 완화된 마이드너 플랜을 도입했지만, 1992년 우파연합정부에 의해 폐지되었다. 이로써 스웨덴 사민당의 계급타협 노선은 종말을 맞게 되었다. 사민당과 자본 세력, 특히 발렌베리와의 공존관계도 약화되었다.

임노동자기금은 노조의 임금인상 자제와 연대임금정책으로 이득을 본 고생산성 산업의 막대한 이윤을 사회화하여 집단적으로 관리함으로써 경제민주주의를 실현하려는 것이었다. 이는 1959년 보충연금개혁에서와 같이 '집단적 자본 축적'을 시도한 것으로 '기금사회주의(fund socialism)' 논란을 불러왔다. 스웨덴 모델이 가져온 낮은 민간저축과 낮은 신용공급은 대규모 공공저축과 공적 신용공급으로 보상되었는데, 임노동자기금도 이러한 공공투자기금의 역할을 하게 했다. 마이드너는 이미 1961년과 1966년 LO 총회에서 이와 같은 개념의 산업기금 창설을 제안했다.

임노동자기금은 1976년 사민당 지도부와 사전 협의 없이 LO 지도부에 의해 총회에서 승인되었다. 승인 직후 총선거 캠페인이 시작되었으나, 사민당은 이 문제에 대해 소극적이었다. 당시 기금안은 초기 단계로 논란의 여지가 많았다. 임노동자기금은 이념적·정치적으로 엄청난 논란을 불러일으켰으며, 이 와중에 사민당이 정권을 잃게 되었다. 1976년 선거는 임노동자기금보다 오히려 핵발전소 문제가 더 큰 쟁점이긴 했지만, 어쨌든 사민주의자들에게는 큰 충격이었다.

노동운동의 급진화와 더불어 국내외의 경제 상황도 악화되었다. 전후 세계적인 장기 호황이 끝나가는 상황에서 1973년의 오일쇼크는 국내 임금상승과 함께 심각한 인플레 압력을 가져왔고, 세계시장의 불안정성 증대는 수출의존적인 스웨덴 경제에 타격을 주었다. 사민당 정부가 재고투자에 대한 대규모 보조금을 포함하여 선택적 재정 확대를 통해 세계경제 침체를 타개하고자 했으나, 이는 1970년대 중반 전례 없는 임금폭등을 가져오면서 인플레 통제 시스템이 와해되었다. 노조 지도자들이 '지나친 이윤(excessive profits)'이라 우려했던 대로, 급격히 향상된 교역 조건에 힘입어 1973~1974년 수출기업의 이윤이 크게 늘어났기 때문이기도 하다. 정부는 1972년 자국 기업의 무역 진흥을 위해 무역위원회(The Swedish Trade Council)를 설립하여 수출 촉진을 지원해왔다.

인플레 상황에서 완전고용을 달성하기 위해서는 적극적인 소득정책이 필요했는데, 임금상승을 억제하기 위한 정부의 임금정책은 큰 논란이 되었다. 사민당 정부는 1974~1976년의 임금협상에 직접 개입하여 노동의 임금인상 자제에 대한 보상으로 감세와 이전소득의 확대를 약속했다. 그럼에도 불구하고 1930년대 이후 지속된 산업평화가 무너지면서 파업이 절정을 이루었고, 그 3년간 시간당 임금비용이 65%나 증가하는 임금

폭등이 일어났다. 그리고 1976년 새로운 정책패키지가 제대로 시행되기도 전에 사민당은 44년 만에 정권을 잃었다.

중도당·자유당·보수당 3당의 우파연합정부가 구성되었다. 보수연정의 집권으로 급진적 정책들은 브레이크가 걸렸다. 우파정당과 자본 세력은 임노동자기금에 대해 강력 반발했다. 반면 사민당과 LO는 임노동자기금 실무단을 구성하여 1978년과 1981년 두 차례에 걸쳐 초안에서 크게 후퇴한 수정안을 제안했다. 수정안이 거듭되면서 처음에 비교적 높았던 유권자의 지지가 사무직 근로자를 중심으로 크게 하락했다. 임노동자기금에 대해 자유당 및 중도당과 타협을 이루려는 사민당의 노력도 한계가 있을 수밖에 없었다. 임노동자기금을 논의하기 위한 위원회가 구성되었으나 합의안을 만드는 데는 실패했다. 1982년 선거에서 재집권한 사민당은 다시 중도당 및 자유당과 임노동자기금에 대한 타협을 시도했지만 실패했고, 결국 LO의 압력으로 팔메 정부는 공산당의 지원 아래 1983년 12월 매우 약화된 임노동자기금법을 발효하기에 이르렀다. 그러나 '집단적 투자기금'이라는 산업정책적 목표는 포기되었고, 보충연금(ATP)비용을 부담하는 것으로 그 성격이 바뀌었다.

임노동자기금은 1970년대에 다시 등장한, 사민당 좌파에 의한 생산수단의 사회화를 목표로 하는 대단히 급진적인 전략이었다. 이 전략이 실패하게 된 중요한 요인의 하나는 사민주의 진영의 분열이었는데, 1985년 당내 이념 논쟁으로 비화되었다. 스웨덴 사민당은 본래 정통좌파 사회주의자와 온건중도좌파 등 몇 가지 노선이 혼재된 상태로 발전되어왔는데 1920년대, 1944년, 그리고 1970년대에 정통좌파의 목소리가 컸다. 마르크스이론과 독일 사민당에 뿌리를 둔 스웨덴 사민당의 강령은 생산수단에 대한 공적 통제를 강조했으나, 이러한 이념이 실제 정책으로 구현된 경우는 드물었다. 1920년대 일부 산업의 국유화 계획, 1944년의 경제계획 프로그램, 1976년의 임노동자기금이 정통 강령에 충실한 정책들이었다. 그러나 이 정책들은 모두 실패했고, 그때마다 급진적 이념은 후퇴했다. 사민주의자들은 1930년대부터 사적 소유와 시장조정을 선택하고, 소유 자체보다 '경제권력', 즉 자본의 집중화를 조장했다. 1980년대 이후 사민당은 크게 두 부류의 이념집단으로 나뉘어 왔는데, 하나는 보편적 복지국가를 강조하는 온건중도좌파인 '전통주의자'며, 다른 하나는 신자유주의적 통화주의 경제정책과 선택의 자유를 주장하는 '현대주의자'다. 현대주의자는 1980년대를, 전통주의자들은 1990년대부터 지금까지 사민당을 주도해왔다.

스웨덴 모델은 시장친화적인 동시에 경쟁을 제한하는 이중적 모습을 보였다. 엄청나게 높은 근로소득세와 사 측의 사회보장기여금인 고용주세(payroll tax)로 인해 1960~1970년대 공공 부문 순저축은 순국민저축의 절반, 공공 부문 신용공급은 제도권 신용시장 총신용 흐름의 절반을 차지했다. 선택적 세금 및 보조금, 농업 및 주택 부문에서의 가격통제, 그리고 1980년대 중반까지 자본시장도 직접적인 통제를 받았다. 스웨덴에서 반카르텔정책은 매우 느슨했는데, 1995년 EU 가입 후에야 엄격한 반카르텔 규칙을 도입했다. 자국 산업을 보호하기 위해 도입된 다양한 규제제도는 시장경쟁을 약화시키는 역할을 했다. 특히 국가경제의 4분의 3을 차지하는 비교역 부문인 농업·식품산업·소매·주택·건설·에너지·금융 및 보험 부문 등에서 심각한 진입장벽이 초래되었고, 그 결과 경쟁압력이 거의 부재했다.

사회 코포라티즘의 조정과 합의 전통 또한 이러한 현상을 초래하는 데 중요한 역할을 했다. 제조업 부문의 높은 진입장벽은 기존 대기업에 유리하게 작용하면서 신설기업의 진입 비중은 시간이 갈수록 낮아졌다. 규제와 진입장벽은 대기업의 지배를 강화하는 역할을 했다. 전반적인 법인세제 역시 대기업 및 기존 기업에 극히 유리한 반면, 중소기업 및 신설법인에는 편파적으로 불리했다. 재량적이고 불균형적인 세제로 인해 투자 및 파이낸싱 유형 또는 생산 부문과 기업에 따라 자본비용이 크게 차이 났는데, 기업의 차입파이낸싱·보험회사·공익재단 등 기관의 주식 소유에는 세금이 유리하게 적용되었다. 사민당 정부는 소수 대기업의 지배적 역할을 용인하고 국가경제에서 많은 부문의 카르텔화를 조장해왔다. 1971년 스톡홀름엔스킬다은행과 스칸디나비스카은행의 합병(스칸디나비스카엔스킬다은행)을 허용하여 금융자본의 거대화를 가져왔다. 이로써 발렌베리 가문의 경제지배는 더욱 확고해졌다.

반면 사민당 정부는 민간기업의 부에 대한 통제를 강화했다. 기업이익을 소유주의 소득과 분리해 기업의 부의 축적이 주주 또는 개인의 재산이 되는 것을 최대한 막았다. 그 방법은 투자를 위해 유보된 수익에 대해서는 낮은 세금을, 소유주의 부와 소득에 대해서는 높은 세금을 매기는 것이다. 자본 및 기업소득세는 유럽에서도 매우 낮은 수준을 유지했다. 이러한 세제 시스템은 해외자본 조달이 가능한 대기업에는 큰 문제가 되지 않았지만, 중소기업에게는 어려움을 가중시켰다. 기업 소유주에 대한 고세금, 대기업에 대한 선택적 보조금 지원, 자본시장 규제, 낮은 가계저축 등은 중소기업의 진입 및 성장에 큰 장애가 되었다. 중소기업은 공공투자자금이나 해외자본에 접근하기도 어려웠다. 수출대기업에 대한 정부의 정책금융은 대기업을 더욱 성장하게 만들었다.

더구나 1980년대 중소기업 소유주에 대한 자본세(capital tax)는 65~70%였고, 부유세와 상속세까지 감안하면 더 높았다. 가혹한 소득세는 1970년대 이후 약 20년 동안 최고 80%에 달했다. 물론 이러한 세금은 다시 정부지출에 의해 사회보험과 공공부조 등의 소득재분배정책이나, 교육·의료·탁아 등의 공공 사회서비스정책에 투자되었다. 아무리 좋은 복지로 보답했다고는 하지만, 이를 감당해온 그들이 정말이지 대단해 보인다.

4

세계화와 신자유주의적
'제3의 길'

01 자본의 공세와 계급타협 체제의 와해

1970년대 초까지 스웨덴 경제는 높은 효율성을 자랑했다. 민간 부문의 실질투자도 오랫동안 비교적 높은 수준에서 유지되었는데, 제조업은 1970년대 중반까지, 다른 부문은 1980년대 말까지 가능했다. 자본시장 규제로 이자율이 낮게 유지되고 자금이 풍부했기 때문이다. 게다가 자국 화폐의 평가절하를 지속시킨 환율통제는 수출을 늘리고 기업의 해외투자를 막는 기능을 했다. 또한 1960년대부터 국제경쟁으로 이윤이 악화된 철강과 조선 등 전통산업에 대한 선택적 투자지원은 해당 부문의 합리화를 지연시켰지만 노조의 강력한 요구에 따라 이루어졌다. 투자를 많이 하는 기업에 대해서는 세제 혜택이 주어졌는데, 1970~1980년대 수익세(profit tax)는 투자보조금의 기능을 했다. 투자를 하면 할수록 세금을 많이 줄여주었기 때문이다. 렌 모델의 예측대로 자원재분배는 생산성이 낮은 기업에서 높은 기업으로 이동했다. 반면 노동력은 복지국가의 팽창에 따라 주로 공공 부문으로 이동했다.

개방경제인 스웨덴은 외부의 변화에 영향을 받지 않을 수 없었다. 1970년대 중반 오일쇼크 이후 세계적인 경제위기가 찾아왔고, 독일·영국·이탈리아 등 서유럽의 사민주의적 계급타협 체제는 재정적자와 고실업으로 심각한 위기를 맞게 되었다. 그러나 이때도 스웨덴의 사민주의자들은 복지국가를 팽창시키고 완전고용을 유지시켰다. 1976년 집권한 우파연합정부도 재정지출을 축소하지 않았다. 거시경제는 비교적 안정적이었고 물가도 고정환율로 관리되고 있었다.

그런 가운데 스웨덴 경제는 갈수록 세계적인 경제위기와 시장 변화의 영향을 받게 되었고, 지나친 규제와 복지에 따른 부작용도 나타나기 시작했다. 노동생산성도 저하되었다. 연대임금정책에 의한 근로자 간 낮은 임금격차는 교육에 대한 인센티브를 크게 약화시켜 저숙련 근로자의 실업을 높이는 결과를 가져왔다. 실제로 고숙련 근로자의 수는 수요에 미치지 못했다. 기술 변화와 무역 증대 및 유럽 경제통합과 같은 요인이 노동시장에서 저숙련 근로자의 고용 조건을 악화시키자 노조는 임금격차의 확대를 반대했고, 결과적으로 임금이 고생산성 부문에 연동되었다. 노동운동의 급진화와 임금인상 자제의 실종으로 인해 노사타협과 협력을 기반으로 한 기존의 사회 코포라티즘도 위기에 봉착했다.

1970년대 중반의 급격한 임금비용 상승은 크로나의 고평가와 교역 부문에서의 생산 및 투자의 둔화를 초래했다. 이러한 문제는 광산·철강·조선 등 비중이 큰 전통산업 분야에 대한 일본이나 한국 등 신흥공업국의 과잉생산에 의해 가중되었다. 중도우파정부는 수출 부문 위기에 대응하여 1976~1977년 총 12%의 실질 평가절하를 단행했다. 그래도 환율이 불안정하자 1981~1983년에 걸쳐 임의적(discretionary) 평가절하가 되풀이 되었다.

경제 상황의 악화는 수출 부문 기업의 전반적인 이윤 압박과 함께 전통산업이 국제시장에서 위기에 처하면서 발생했다. 1970년대의 오일쇼크 및 개도국과의 국제경쟁 심화는 교역 조건의 악화와 세계시장에서 수출 비중의 하락을 가져왔는데, 이에 스웨덴의 독점수출기업은 새로운 전략을 추구하게 되었다. 수출 중심의 VF는 중앙임금협상제도에 대해 불만을 갖기 시작하면서 1970년대 말부터 노사협상의 탈중앙화를 위한 압력을 행사했다. 한편 대기업들은 1980년대 들어 단체협상제도의 분권화와 연대임금제의 약화를 부단히 주장했다. 뿐만 아니라 스웨덴 복지국가를 비판했으며 민영화와 탈규제 및 EC 가입을 주장했다. 이러한 자본의 공세는 우파가 집권했던 1970년대 말부터 본격화되었다. 역시 정치권력이란 무서운 것이었다.

1980년대 들어 자본은 노사공존 체제의 지지대 역할을 해왔던 살트요바덴협약의 틀을 깨기 시작했다. 1970년대 노동 쪽에서 먼저 '신사협정'을 깬 데 대한 일종의 보답이었을지도 모른다. LO와 사민당뿐 아니라 다른 사용자조직의 저항도 있었지만, VF는 1983년 금속노조와 별도의 협약을 맺음으로써 임금협상을 탈중앙화하는 데 성공했다. SAF가 이를 허용했기 때문이다. 스웨덴 모델에 엄청난 '사건'이 발생한 것이다. 이 사건 이후 중앙협상의 수준이 갈수록 약화되었고, 임금협상 과정에 대한 정부의 개입도 증대되었다. 그러나 정부의 조정 노력에도 불구하고 노조 간 경쟁과 중앙협상의 약화로 임금에 대한 중앙조정은 계속 어려워졌다. 1982년 복귀한 사민당 정부의 새로운 정책노선은 수출산업의 경쟁력 향상에 우선순위를 두고 있었다. 이러한 환경은 1980년 대파업의 실패와 함께 수출 중심의 엔지니어링산업이 자신들의 요구를 관철시키는 데 유리한 조건으로 작용했다.

더욱이 자본은 1990년대 초 노사정 간 정책협의제도인 사회 코포라티즘 자체를 해체시켰다. VF의 주도로 SAF는 1990년 자신의 협상부서를 폐쇄했고, 1991년 국가기구의 모든 위원회로부터 자신들의 대표를 철수시킴으로써 노사정 3자 정책협의제도를 거부하기 시작했다. 더 나아가 SAF는 오랜 정치적 중립의 관행을 깨고 우파의 정체성을 드러내 LO의 정치적 힘을 무력화시키고자 했다. 사민당과의 오랜 밀월관계는 과거지사가 되었다.

자본의 대변 기관인 SAF가 이처럼 전략을 수정한 것은 LO가 1970년대에 공세적으로 추진했던 일련의 개혁입법, 특히 임노동자기금제나 노사공동결정법 등이 자본주의의 시장원칙을 침해했다고 판단했기 때문이다. 또한 세계화에 편승함으로써 국가 및 노동과 힘들게 협상해야 할 동기가 상대적으로 약화되었기 때문이기도 하다. 사회 코포라티즘 체제에서 이탈하려는 SAF의 시도에 대해 LO는 무력하게 대응할 수밖에 없었다. 자본의 지속적인 공세에도 노동이 수세적 입장을 보일 수밖에 없었던 것은 무엇보다 개방경제에서 세계화의 영향으로 노동과 자본의 권력관계가 변화하고, 우군인 사민당조차 신자유주의적 노선을 수용했기 때문이다.

금속산업 별도의 임금협약 이후 중앙임금협상제도가 와해되었다. 10년 동안 노사협상은 산별협상과 중앙협상 사이를 오갔으며, 1984년에는 모든 분야의 완전한 산업별 교섭이 이루어졌다. 1986~1987년에는 전통적 중앙임금협상 방식의 협약이 체결되기도 했으나, 1988년 다시 산업별 교섭으로 바뀌었다. 그러나 1989~1990년은 1983년과 같이 금속산업을 제외한 LO와 SAF 간 중앙교섭이 이루어지기도 했다. 1980년대 중반과 1990년대 초 중앙화된 임금협상제도를 복원하려는 노사 및 정부의 시도도 있었으나, SAF가 중앙협상을 반대하면서 1993년에 이르러 중앙협상의 시대는 완전히 막을 내리게 되었다.

1990년대 중반에는 노사 간 또는 사용자 간 임금협상에 관한 주요 쟁점이 중앙협상이냐 산별이냐가 아니라, 산별협상이 각 기업별 협상에 얼마만큼의 재량을 부여할 것인가가 될 정도로 분권화되었다. 결국 노조 측은 정상 조직 수준의 협상을 재제도화하려는 요구를 포기하고 사용자 측도 완전한 기업 수준의 임금협상 주장을 철회함으로써 산별협상 시스템이 확실히 정착되었다. 이른바 '조정된 탈중앙화(coordinated decentralization)'가 정착되면서 스웨덴은 북유럽에서 가장 두드러진 노사협상의 탈중앙화가 이루어졌다.

노사정 3자 정책 조정과 중앙노사협상에 의한 사회 코포라티즘은 스웨덴 모델의 핵심요소였기 때문에 이러한 사건들은 스웨덴 모델의 와해로 인식되었다. 렌 모델이 달성한 임금인상 자제, 상대적으로 높은 수준의 임금평등, 저실업이라는 성과는 조정된 중앙협상제도에서 비롯되었기에 중앙협상의 와해는 스웨덴 모델의 근본적인 변화를 의미하는 것이었다. LO

의 핵심적 권력기반이던 중앙단체교섭제도가 해체되면서 1980년대 이후 LO의 권위도 급격히 약화되었다.

그럼에도 불구하고 정부와 노사는 중앙 차원의 임금조정과 새로운 3자협의제도를 모색했다. 1991년 SAF, LO, TCO, SACO의 대표로 구성된 렌베리위원회(The Rehnberg Commission)는 정부의 주관으로 1991~1992년 임금안정화협약을 이끌어냈다. 이 협약은 임금협상을 재중앙화하기에는 역부족이었지만 새로운 임금협상의 원칙을 제시했다는 데 의미가 있다. 렌베리위원회는 정부가 임명한 '경제안정화위원회'로 1992~1994년 임금인상 억제 합의에도 성공함으로써 1980년대 이후 정부의 중앙임금조정 시도 중 유일하게 성공한 사례로 꼽힌다.

02

제3의 길과 시장 자유화

경제성장, 평등분배, 계급타협 및 산업평화 등으로 특징되는 안정된 스웨덴 모델은 1960년대 말부터 흔들리기 시작했다. 이에 노동운동은 급진화 노선으로 대응했고, 사민당은 1976년 정권을 잃었다. 우파연합정부는 집권 6년 동안 전반적으로 기존 제도와 정책을 유지하면서 침체된 경기를 회복하고 실업을 막기 위해 재정지출을 크게 늘렸다. 철강·조선·섬유 부문의 부실기업들을 국유화하기도 했다. 그 결과 1980년대 들어 재정적자뿐 아니라 외채 또한 급격히 증가했고, 이에 더해 실업이 늘면서 44년 만에 정권을 잡은 기쁨도 오래가지 못하고 막을 내렸다. 스웨덴 모델은 새로운 전략을 필요로 했다. 더구나 자본이동에 의한 세계화의 심화는 수출의존적인 스웨덴에 적잖은 압력을 가했다. 사무직의 급증과 노령화·세계화 및 경제자유화 등 국내외 환경의 구조적 변화는 자본 세력의 성격을 변화시키는 동시에 사민당으로 하여금 새로운 노선을 추구하게 했다.

1982년 재집권한 사민당은 이전과는 전혀 다른 대단히 새로운 노선을 채택했다. 전통적으로 강력한 지지계층인 LO의 반대에도 불구하고 신자유주의적인 '제3의 길(The Third Road)'

을 추진한 것이다. 이는 당시 영국 보수당 대처 정부(1979년 집권)의 시장주의, 통화주의와 프랑스 사회당 미테랑 정부(1981년 집권)의 개입주의, 케인즈주의 사이의 가운데 길을 의미했다.

1982년 거시경제의 출발은 공급 중시 정책들로 이루어졌다. 임금인상을 억제하는 한편, 평가절하에 의한 수출 증대로 인플레 없는 완전고용을 달성하고자 했던 것이다. 제3의 길 전략은 1970년대 급진적인 노동운동 이념의 포기일 뿐 아니라, 전통적인 사민당 경제운용 전략과도 거리가 있었다. 기존의 경제운용 전략인 렌 모델은 평등과 효율성의 대체관계를 거부했으나, 새로운 노선은 '선성장 후분배'의 구호 아래 경제성장을 위해 기업이윤 축적의 필요성을 역설했다. 즉 소득을 국가와 노동으로부터 자본 측으로, 자원을 공공에서 민간으로 이동시키고자 했다.

'좌파의 공급 중시 경제정책'이라 할 이 노선의 핵심은 완전고용과 성장, 물가안정, 복지국가의 유지라는 전통적인 사민당의 정책목표를 견지하되, 수요보다 공급 측면 요소들의 능력을 확충하여 경제 회생의 실마리를 찾자는 것이었다. '스웨덴판 대처리즘(Thatcherism)'이 시도되었던 것이다. 사민당 내 현대주의자들인 펠트(Feldt) 재무장관을 중심으로 한 일련의 이코노미스트들은 금융 자유화를 강조하면서 민간 부문의 성장, 기업이윤, 시장의 논리에 우선순위를 두었다. 사민당 정부는 곧바로 기업의 국제경쟁력을 위해 1982~1983년 두 차례에 걸쳐 자국 화폐의 대폭적인 평가절하를 단행했다. 무역 부문의 이윤압박이 심했기 때문이다. LO는 평가절하를 받아들이고

2.5%의 임금인상을 요구했다. 급격한 임금상승이 완전고용에 위험이 된다는 정부의 주장에 따랐다. 정부의 1982년 평가절하(16%)는 증가한 기업의 노동비용을 보전해주고 경기를 활성화하기 위한 공세적 정책 행위였는데, 이는 렌 모델의 핵심요소인 기업의 낮은 평균이윤율 원칙이 최소한 교역 부문에서 포기된 것을 의미했다.

전후 스웨덴 사민주의의 근간을 이루었던 렌 모델의 자발적 포기로 스웨덴 모델은 전환점을 맞았는데, 이러한 전환의 배경에는 심각한 구조적 요인이 자리 잡고 있었다. 기업의 국제경쟁력을 강화하기 위한 포스트포드주의적 유연생산 체제는 임금부상 현상을 심화시킴으로써 LO의 연대임금정책을 크게 훼손했고, 1983년 결국 임금협상의 탈중앙화를 초래했다. 신자유주의의 공세에 대한 사민주의 세력이나 노조 지도부의 무기력한 대처나 굴복은 무엇보다 사민주의자들과 노조운동의 위기 및 딜레마, 그리고 한계를 드러낸 것이었다. 이들은 생산성 향상과 자국 자본의 국제경쟁력 강화에 의한 경제성장을 계급타협 체제와 사회적 동반자관계 형성을 위한 필수적인 전제조건으로 여겼기 때문이다. 분배와 복지국가의 명분하에 경제성장을 담보해줄 신자유주의를 받아들였는데, 분배를 위한 생산성과 경쟁력이라면 무엇이든 수용 가능했던 것이다.

제3의 길의 구체적 정책이 제시되었다. 첫째, 부실기업에 대한 정부의 지원을 중단하고 1970년대에 국유화된 기업을 민영화한다는 것이다. 철강과 조선 등 전통산업이 대상이 되었다. 둘째, 공공 부문 합리화 프로그램이 대대적으로 추진되었다.

공공 사회서비스기관의 민영화는 자제되었지만, 서비스를 탈중앙화함으로써 소비자들의 욕구에 부응했다. 셋째, 자본 자유화를 추진하는 것이다. 국제적 추세에 따라 1985~1986년 금융시장 탈규제로 모든 외환규제를 철폐했다. 넷째, 세제개혁을 추진했다. 자유당의 협조로 세제개혁(1990~1991년)을 단행함으로서 한계소득세율을 50%로 크게 낮추었다. 대신 세금공제도 대폭 축소하고, 부가가치세를 확대하며, 자본이득에 대한 과세도 강화했다. 다섯째, EU 가입을 추진하는 것이다. 1990년 EU 가입 신청은 사민주의자들의 노선이 정반대로 변화했음을 보여주었다. 이러한 구조개혁은 전통적 정책 순위를 완전히 뒤집는 것이었으며, 사민주의자들이 신자유주의로 개종했음을 의미했다. 물론 이 모든 개혁은 국가경쟁력을 강화하여 성장과 분배를 지속시킨다는 목적에서 시행되었다.

1980년대의 정책 변화는 노동운동 내 힘의 균형의 변화에 기인한다. 임노동자기금의 패배로 LO의 힘이 약화되었고, 임금협상의 탈중앙화로 LO의 권위가 추락했다. 노동운동이 급진화된 1970년대 중후반 LO의 무소불위의 힘과 권력에 대한 우파의 공세는 매우 격렬했다. LO의 담론적·정치적 헤게모니의 후퇴 이상으로 LO는 자신의 산업 영역에 대한 통제권을 상실했다. 사무직노조의 성장과 생산직노조 간 분배갈등의 폭발로 LO가 회원노조들의 임금협상을 조정하고 자발적 임금자제를 유도하기에는 역부족이었다. 이러한 상황에서 사민당의 정책 결정 과정에 대한 LO의 영향력도 크게 약화되었다. 자본 축적체제가 포스트포드주의로 전환됨에 따라 하층 노동계급과 상

층 노동계급의 이해관계가 상충되면서 노동운동의 조직적 힘
도 약화되어갔다. 시장적 배분을 통해 더 많은 이득을 얻을 수
있다고 여기기 시작한 신중간층과 상층 노동계급은 전통적인
분배동맹으로부터 이탈하기 시작했던 것이다.

제3의 길에 의한 새로운 정책 방안은 단기적으로 산업생산
의 증가, 국제수지 감소, 실업률 하락 등 어느 정도 성공을 거
두는 듯했다. 그러나 더 큰 부작용이 초래되었다. 1970년대 말
에 발생한 환율변동으로 경제의 불안정성이 커지는 상황에서
평가절하정책은 심각한 인플레를 발생시켰다. 더 큰 인플레
요소가 1980년대에 나타났는데, 바로 부동산과 주식 등 자산가
격의 폭발이다. 이러한 현상은 1982년의 평가절하, 연 20% 수
준의 은행신용 확대, 1980년대 중반의 국내자본시장 탈규제와
외국자본의 유입 등으로 더욱 과열되었다.

사민당 정부는 1985년 자본시장의 자유화와 신용시장의 탈
규제화를 단행했다. 이렇게 1985년에는 신용자유화정책이 이
루어졌고, 1986~1987년에는 외환통제가 철폐되었다. 높은 한
계소득세율로 인해 이자를 충분히 공제받게 된 개인의 가계대
출이 크게 늘어난 것도 자산가격 붐의 중요한 요인이었다. 자
산에 대한 억눌렸던 수요가 풀리면서 부동산 가격이 크게 상승
했고, 1980년대 후반 엄청난 오피스빌딩 및 주택 건설 붐이 일
었다. 또한 1984~1988년에 소비지출도 붐을 이루었는데, 이
모든 결과로 경제가 비정상적으로 과열되었다. 더구나 정부는
1989년 외화환전과 자유로운 해외자본 포트폴리오투자를 허
용함으로써 시장을 완전히 탈규제했다. 무역 확대와 생산기업

의 국제화로 자본이동 통제의 효과를 더 이상 기대하기 어렵게 되었던 것이다. 당시 대부분의 선진국 고실업과 달리 실업률은 낮았지만, 1984~1991년 연 9%의 임금비용 상승이 나타났다. 1980년대 내내 소비자물가지수는 연평균 8%로 OECD 평균 6%와 비교되었다. 사민당은 통화주의 규범에 의해 인플레가 통제될 것으로 믿었으나, 신용시장의 자유화가 경기 활황기(1985~1990년)에 추진됨으로써 인플레를 잡지 못했다. 결과적으로 잘못된 정책 판단이 부동산투기와 과도한 소비를 부추기게 되었다.

03

금융위기와 스웨덴 모델

자본시장이 자유화되면서 스웨덴의 '관리된 금융 시스템'은 급속히 해체되었고, 이는 사민주의적인 스웨덴 모델에 치명적인 영향을 미쳤다. 금융 자유화로 정부의 총수요관리가 용이하지 않게 되고, 생산에 대한 투자자금 공급의 중요한 수단이었던 신용 할당 및 통제가 어려워졌기 때문이다. 그 결과 저이자율을 유지하기 힘들어졌고 국내 실질투자도 하락했다. 이미 탈중앙화된 임금협상 체제에 따른 심각한 임금부상 현상과 노조 간 임금경쟁으로 스웨덴 모델은 그 의미가 크게 퇴색되었다.

이에 팔메 수상은 우파정부 때 삭감된 복지급여의 회복과 재산세·상속세·주식거래세 등 자산에 대한 세금의 인상을 약속했다. 공공투자 프로그램이 시작되었고, 임노동자기금제도가 1984년에 도입되었다. 이 와중에 1986년 팔메 수상이 암살당하는 사건까지 발생했다. 팔메 수상의 노선에 대한 많은 논란만큼 이 사건의 전모는 아직까지 제대로 밝혀지지 않고 있다. 1970년대 이후 계속된 인플레가 1980년대 말 더욱 악화되자 사민당 정부는 금리인상을 단행하고, 1990년 2월에 임금 및 물가 동결과 파업금지라는 일련의 위기관리정책을 제안했다.

새로운 정책 방향은 1991년 1월 사민당 정부의 예산안에서 나타났는데, 인플레 관리가 거시경제정책의 최우선 목표가 되었다. 1960~1970년대처럼 고정환율로 물가를 안정시키려는 시도는 급격히 상승한 임금비용 때문에 어려웠다. 평가절하를 통한 수출산업의 가격경쟁력 제고 방안이 효과를 발휘하려면 임금상승의 억제와 재정적자의 감소가 동반되어야 했다. 그러나 1980년대 중반 이후 중앙임금협상과 3자 조정의 사회 코포라티즘 타협 기제가 약화되면서 임금억제를 도출해내지 못하고 있었다. 노사정 협의의 붕괴와 함께 고통 분담의 윤리가 약화되었고, 비대해진 공공 부문 노조는 임금인상을 주도했다. 높은 세율을 감안한 임금인상 요구는 인플레를 유발했고, 인플레로 인한 실질구매력 감소는 더 높은 임금인상을 요구하게 되었다. 1980년대의 세금 감축은 엄청난 재정적자를 가져왔다.

이 같은 상황에서 사민당 정부의 위기관리정책안이 의회에서 부결되면서 금융 자유화에 의한 '제3의 노선' 실험은 실패로 끝났다. 위기관리정책안이 거부된 후 사민당은 자유당과 공공지출 삭감에 합의했다. 긴축정책으로 실업이 급격히 늘어났고, 1991년 9월 사민당은 60년 만의 최악의 지지율을 기록하며 총선에서 패배했다. 사민당의 중요한 정책목표인 물가안정과 완전고용을 달성하기 위한 신자유주의적 처방은 결국 렌 모델의 임금 및 인플레 조정기제가 작동하지 않는 상황에서 생산성 향상을 초과하는 임금인상과 심각한 인플레로 좌초되었던 것이다.

금융위기로 치달은 당시의 경제는 매우 불안정했다. 1987~1990년 동안 과열된 경기가 급격히 냉각되었다. 거품이 꺼진 것이다. 경기침체가 지속되면서 크로나 가치는 크게 하락했고, 더 이상의 평가절하를 막으려는 정책은 실패했다. 1992년 가을에 중앙은행은 이자를 500%나 인상했지만 크로나 방어에 실패하고, 1992년 11월 크로나는 위기에 빠졌다. 금융위기가 절정에 달했다. 보수연합정부는 막대한 재정자금을 투입하여 금융기관들의 도산을 막았고, 그 과정에서 재정적자와 해외부채가 급증했다. 수많은 기업이 도산했다. 금융위기는 1930년대 이후 가장 심각한 경제적 위기였다. 제조업 생산이 크게 떨어지고, 1990~1993년 총고용이 11%나 하락하여 취업프로그램 참여자를 포함한 총실업률은 13%에 이르렀다. 이러한 고실업은 1997년까지 지속되었는데, 특히 16~24세의 청년실업이 심각했다. 보수연합정부는 완전고용을 포기하고 본격적으로 신자유주의정책을 펼쳐 긴축통화정책이 실시되었다. 고용주 사회보장세를 축소하고 고실업의 대가로 인플레는 낮아졌다.

1991~1992년 금융위기는 1980년대의 고임금에 의한 인플레, 높은 실질금리, 거품자산의 급락, 빌딩 붐의 붕괴 등의 유산이라 할 것이다. 세계적 경기침체와 국제금리 상승도 중요한 이유였다. 정책적 실수도 있었다. 국내 자본시장을 탈규제하는 순서 또는 타이밍이 잘못되었는데, 자본소득세 인하 등 급진적 세제개혁과 환율 자유화가 시행되기 전에 전면적으로 탈규제되었던 것이다. 1992년 건설경기가 붕괴되던 바로 그 시기에 실질금리가 급상승한 것도 정책적 문제였다. 1992년 부동산시장이 붕괴되면서 최악의 경기침체를 겪었다. 완전고용이 무너지던 시점에 병가보험개혁이 시행되면서 결근을 크

게 감소시킴으로써 대체인력 활용을 축소해 실업을 높인 것도 정책 타이밍의 실패였다.

좌파적 대안과 우파적 대안의 절충이었던 스웨덴의 제3의 노선 정책은 신용 및 외환시장 규제완화 측면에서는 신자유주의적이었지만, 완전고용정책 추구 등 전통적인 정책목표를 그대로 유지했다. 그러나 제3의 노선은 긴축적 금융정책을 통한 물가안정, 실업상승 묵인 및 노조 약화를 통한 임금상승 억제, 노동시장의 변화, 민영화 등 1990년대의 본격적인 신자유주의적 정책을 위한 서막이었다. 뿐만 아니라 새로운 정책방안은 노동과 자본 간 소득분배의 측면에서 노동 쪽에 불리하게 작용했으며, 복지국가의 확충을 통한 계급 및 계층 간 경제적 격차를 줄인다는 사민당의 전통적 재분배정책과도 상충되었다.

제3의 노선은 경제적 문제 외에도 심각한 사회적 형평성의 문제를 가져왔다. 신자유주의적 프로젝트의 핵심이 사회를 시장원리에 복속시키는 것인 만큼, 시장을 사회원리에 맞춰 조정했던 전통적 스웨덴 모델과는 거리가 멀었다. 사민당 정부가 정체성을 바꾸면서까지 신자유주의적 정책을 추진한 이유는 세계화의 흐름을 거스를 수 없었기 때문이다. 그러나 사회경제적 구조를 고려하지 않은 과도하고 급속한 신자유주의적 전략으로 세계화에 대응했던 것은 여러 가지 후유증을 가져왔다. 사민주의 국가 스웨덴은 경제의 재구조화에 따른 연대 및 평등의 가치 훼손, 노동운동의 약화와 노동조직의 정치적 영향력 하락, 노동계급의 사민당에 대한 지지 하락 등 큰 대가를 치렀다.

　1990년대 초의 금융위기는 급기야 스웨덴 모델의 와해 논쟁까지 불러일으켰다. 자본의 세계화라는 외적 요인이 사민주의 체제를 더 이상 작동하지 못하게 만든다는 것이다. 실제로 세계화가 가속화된 1980년대에는 이윤 중심의 경제회복이라는 제3의 노선에도 불구하고 이윤이 높은 기업이 해외로 빠져나감에 따라 생산성 증대에 실패했다. 1985～1990년 자본의 해외투자와 해외기업 인수는 급격히 증가했는데, 당시 영국의 한 신문은 스웨덴 자본을 '유럽 최고의 기업 침략자'라고 논평할 정도였다. 재미있는 일은 금속노조가 이들 수출대기업의 입장을 옹호했다는 것이다. 다국적 기업화와 금융시장의 국제화는 내부 결속과 경제정책의 자율성을 약화시켰다. 1990년 사민당의 EU 가입 결정은 자본유출에 대한 대응이었으며, 유권자들 또한 이러한 방향으로 선회했다.

　제3의 노선은 당시 직면한 문제를 해결하기 위한 현실적 대안으로 여겨졌다. 1970년 이후 노동생산성이 저하되면서 '성장지체(growth lag)' 현상이 나타났다. 이는 1970년대 이후 스웨덴 모델이 급진화되는 과정에서 도입된 제도와 정책이 초래한 거대한 공공 부분과 낮은 생산성 증가에 주로 기인했다. 생산성 증가의 지체는 기업 부문과 제조업 부문에서 두드러졌는데, 특히 1973～1990년 기업 부문의 총요소생산성 증가가 둔화되었다. 물론 65세 이상 연금인구의 급격한 증가라는 인구학적 변화나, 자본 축적과 총투자 비중의 하락도 성장을 낮추는 요인이었다. 국내의 경제사회적 환경이 갈수록 나빠지면서 스웨덴의 다국적 기업들은 1970년대 이후 해외생산 비중을 늘렸다. 1960~1970년대의 강력한 인적자본 투자와 달리 1980년 대에는 고등교육 투자가 다른 선진국에 비해 지체되기 시작했다. 설비자본뿐 아니라 인적자본에 대한 투자도 둔화되었던 것이다. 근로자 간 임금격차의 대폭 축소는 교육 및 훈련의 경제적 인센티브를 약화시켰는데, 이는 노동생산성에도 부정적 영향을 주었을 것이다. 1980년대 중반 이후 이러한 현상은 개선되었는데, 생산요소시장의 국제화, 즉 세계화로 정책이 다소 변화되었기 때문이다.

보수정부는 여야 합의로 이른바 '세기의 세제개혁(Tax Reform of the Century)'을 단행했다. 근로소득세 최고세율은 80%에서 50%로 낮아져 대부분의 납세자는 단일세율(50%)을 부담하게 되었다. 대처 영국 수상의 인두세(poll tax)를 연상시키는 충격적인 세제 변화로 누진세 개념이 약화되었고, 자본소득세율은 30% 단일세율로 바뀌었다. 또한 수많은 소득 및 세액 공제가 폐지되었다. 1993년 이후 거시경제는 수출 증가로 회복세를 나타냈고, 뒤따라 내수가 회복되면서 안정되기 시작했다. 간접세 등 세금인상과 공공지출을 줄이는 긴축정책으로 공공 부문 적자가 크게 줄었다. 생산성 증가도 빠르게 나타났다. 우파 정부는 버블 붕괴와 금융위기 이후 1994년 다시 정권을 잃게 되었다.

1994년 사민당은 완전히 다른 사민당으로 재집권했다. 1976년 임노동자기금으로 대표되는 좌파적 시스템 전환과 1982년 금융 자유화에 의한 우파적 시스템 전환 모두가 실패로 끝난 후 였다. 스웨덴 모델을 재조정하기 위한 노력이 경주되었다. 사민당 정부는 누진세 요소를 다소 강화하고, 재정지출을 축소했다. 계급보다 젠더(gender)를 강조하여 여성 각료를 50%로 늘리고 EU 가입과 탈규제 등을 추진했다. 사민당 정부는 엄청난 재정적자를 줄이기 위해 초긴축적 재정정책과 금융정책을 추진했다. 1993년 GDP의 12%에 달한 재정적자가 지속적으로 감소하여 1996년 4%, 1997년 2%로 줄어들었다.

스웨덴 모델의 주요 요소들이 1980년대에 크게 변화했다. 재정정책보다 신자유주의적 통화정책의 중요성이 커졌으며, 금융시장의 탈규제정책이 시행되었다. 또한 임금협상의 분권화가 나타나면서 전통적인 사민주의적 정책노선과 구별되는 신자유주의적 정책노선의 출발점이 되었다. 그 결과 1990년대의 스웨덴 모델은 더 이상 과거의 것이 아니었다. 제3의 길이 본질적으로 신자유주의적 원리이기 때문이다. 스웨덴 모델이란 원래 자본주의 체제 내에서 시장을 조정하여 평등과 연대의 분배정책을 펼치는 것인데, 그 시장의 자유화로 사회 형평성 원리의 구현이 갈수록 어려워졌던 것이다. 스웨덴 모델은 1980년대와 1990년대의 세계화 시대에 '패러다임 재편(paradigmatic realignment)' 또는 '체제 변화(regime change)'를 경험했다.

다행히 1994년 이후 사민당 정부는 보편적 복지국가의 틀 속에서 합의정치에 의한 복지개혁과 통화주의 규범에 준하는 경제정책을 함께 추진함으로써 높은 경제성장을 달성했다. 뿐만 아니라 물가안정과 균형예산의 틀도 잡았다. 성장과 분배, 고용 등 기본적으로 전통적 노선을 존중하면서 시장개혁과 복지개혁을 지속적으로 추진했다. 스웨덴 경제는 1993년 이후 IT산업의 성장과 함께 다시 상승세를 타고 있다. 1990년대 중반부터 신설기업 비중도 늘어났다. 2006년까지 12년간 집권하면서 지속적 개혁으로 성장도 이루고 복지도 유지했다. 그러나 사민당은 심각한 실업 문제를 해결하지 못하고 보수연합 세력의 전략에 밀려 2006년 총선에서 패배를 겪어야 했다.

5

분배와 스웨덴 복지국가

01

스웨덴 복지국가의 특징과 구조

스웨덴 하면 복지국가가 연상될 만큼, 보편적이고 관대하며 포괄적인 복지정책이 제도적으로 확립되어 있다. 대부분 조세수입을 재원으로 하여 저소득층을 포함한 모든 국민을 대상으로 완벽한 소득보장과 다양한 공공 사회서비스를 제공한다. 따라서 우리와 달리 민간 부문의 역할은 크게 제한되어 있다. 스웨덴 복지국가의 기초는 1891년 자발적인 건강보험에 대해 국가가 기여금을 지원하면서부터 시작되어 1901년 고용주 책임을 강제한 산재보험법, 1913년 연금제도, 1931년 병가보험이 각각 도입되었다.

그러나 사회복지제도가 본격적으로 발전하기 시작한 것은 사민당이 집권한 1932년 이후부터였다. 사민당은 집권 이후 정치적 프로젝트의 하나로 복지개혁을 지속적으로 추진했는데, 모든 사회 구성원의 주거권을 확립하기 위한 주거개혁도 그중 하나였다. 제2차 세계대전 이후 1938년 작성된 사회복지위원회의 보고서를 기반으로 복지개혁을 추진하여 1950년대 초에 기본적인 복지국가를 완성시켰다. 1946년 연금개혁을 시작으로 1949년 산업재해보상법, 1954년 아동수당법과 주택수당법, 그리고 1955년 병가보험법이 통과됨으로써 보편적인 사회보험제도가 도입되었던 것이다. 1955년에는 국민 모두에게 거의 무료에 가까운 의료서비스제도가 시행되었다.

스웨덴 복지국가의 모델은 스웨덴 경제학자로 노벨상을 수상한 군나르 뮈르달(Gunnar Myrdal)이 제시한 사민주의형이다. 뮈르달은 1974년 시장주의자인 프리드리히 하이에크(Friedrich Hayek)와 공동으로 노벨경제학상을 받았는데, 자유시장 경쟁에 대해 상반된 주장을 하던 두 학자가 공동수상했다는 것이 의아스럽기도 하다. 1970년대 중반이 개입주의의 한계가 드러나고 시장주의의 목소리가 다시 나오기 시작한 시기였기 때문인지도 모른다. 그 후 시장주의는 갈수록 힘을 얻으면서 '신자유주의적 세계화 유토피아'를 확산시키는 데 크게 기여했다. 뮈르달의 '생산적 복지' 모델은 저소득층에 직접 급여를 나누어주는 복지 체제 대신, 모든 국민에게 생활에 필요한 서비스를 국가가 직접 제공하는 사회서비스 중심의 복지국가 전략이었다. 의료·교육·보육·노인요양과 같은 서비스를 정부가 직접 운영 및 제공함으로써 일정 수준 이상의 삶을 모두에게 보장하는 것이다. 실제로 스웨덴은 영미 모델은 물론 독일과 네덜란드 등의 대륙 모델과 달리, 사회서비스 인프라 수준이 매우 높으며 실업수당 중심의 소극적 노동시장정책보다는 교육과 훈련 중심의 적극적 노동시장정책 지출이 훨씬 많다.

1950년대 후반 큰 정치적 논란과 이념투쟁을 겪어온 보충연금제도의 개혁으로 임금소득자들, 특히 화이트칼라 계층이 가장 큰 수혜자가 되면서 사민당은 사무직 계층으로부터 상당한 지지를 받게 되었다. 이에 따라 대부분의 사무직 노동자는 노동계급과 더불어 복지국가의 강력한 지지자가 됨으로써 복지국가의 팽창을 뒷받침했다. 사회 코포라티즘적 계급타협 체제가 이룬 최대의 성과로 인식되어온 스웨덴 복지국가는 1960년대에 접어들면서 소득대체가 가능할 정도의 사회적 급부 시스템으로 구축되기 시작했다. 1970년대까지 사회보험, 공적부조, 사회서비스 등 모든 사회복지제도가 완비되었다. 그 결과로 노동계급과 중간계급 모두 보편적 사회보험 프로그램을 통해 제공되는 국가복지의 틀에 의해 통합되었으며, 복지는 시민적 권리이자 사회적 권리로 인식되었다.

연금을 제외한 사회보험의 소득대체율은 거의 90% 수준에 달했다. 사회보험의 높은 소득대체율은 평등주의를 강조한 분배정책에 기인하며, 기여와 급여 간의 관계가 약한 스웨덴 복지제도의 특징을 보여주고 있다. 공적부조와 함께 기여와 급여가 분리된 기본연금제도는 중요한 재분배 기능을 수행했다. 그 결과 하위계층 가구의 소득이 국민소득에서 차지하는 비중이 세계에서 가장 크고, 지니계수는 가장 낮은 나라가 되면서 모범적인 복지국가로 평가받아왔다. 사회보험제도보다 더 뛰어나다고 평가받는 스웨덴 복지국가의 특징은 탁아와 노인 보살핌 등 완벽한 사회서비스를 정부가 제공하는 데 있다. 이러한 사회서비스의 재정지출은 EU 평균의 두 배에 이르고, 공공부문 지출은 GDP의 60~79%로 유럽 OECD 국가 평균인 45~50%를 훨씬 상회했다.

스웨덴 복지국가는 이인부양자(dual-breadwinner) 모델에 기반하고 있어 여성의 노동시장 참여율을 높이는 역할을 하는 것도 중요한 특징이다. 무상 혹은 국가보조를 받는 공공탁아서비스는 관대한 아동 및 가족수당, 부모보험과 함께 복지국가를 여성친화적으로 만들고 있다. 노동시장 참여와 육아를 양립시키는 동시에, 사회적으로 요구되는 출산율 유지에도 영향을 주고 있다. 스웨덴의 탁아서비스는 높은 수준과 보편적 이용이라는 원칙에 의해 시행되고 있다. 취학 어린이도 다닐 수 있는 방과후센터는 학교 휴일에도 개방된다. 여성 노동력의 증가는 대부분의 가구에 적용되는 높은 세율로 인해 혼자 벌어서는 가계를 꾸리기 어려운 요인도 작용하였다. 이 점에서 한국 중산층 여성은 행복하다고 할까. 일할 수 있는 사람은 모두 일하게 만드는 완전고용정책과 권리뿐 아니라 의무에서도 '성평등'을 지향하는 정부정책은 노동시장에서 특별히 여성을 배려하기보다 성중립적 입장에서 여성이기 이전에 근로자로 인식했다. 20세기 초부터 부족한 노동력을 여성들이 채우고, 1960년대 이후 공공서비스 부문의 엄청나게 증가한 노동력 수요로 여성의 노동시장 참여율이 높아지면서 많은 분야에서 성평등이 보다 확고해졌다.

우리는 복지국가 하면 보통 '선진국병'이나 '유럽병'을 떠올린다. 도덕적 해이, 비효율, 강성노조 등과 함께 복지국가에 대한 이미지는 대체로 부정적이다. 물론 복지국가라고 해서 모두 같지는 않다. 복지국가는 지역 또는 나라마다 다양한 형태와 특징이 있다. 미국의 복지정책은 극빈자를 주 대상으로 하는 공공부조 중심으로, 복지제도의 수혜자가 매우 소수일 수밖에 없다. 조합주의형 또는 대륙형으로도 불리는 독일의 복지제도는 고용 근로자를 대상으로 하는 사회보험제도가 근간을 이룬다. 물론 공공부조는 기본적으로 제공된다. 한편 스웨덴은 영미형은 물론 독일과도 상당한 차이가 있다. 공공부조나 사회보험을 기본으로 하면서도 탁아·교육·의료·교통 등 직접적인 사회서비스가 거의 무료로 전 국민에게 제공된다. 스웨덴은 양호한 경제적 성과를 내면서 높은 수준의 복지를 자랑해왔다. 참여정부가 스웨덴에 큰 관심을 갖는 것은 당연한 일이다.

스웨덴 복지국가는 많은 제도적 특징이 있다. 재분배정책은 산업정책과 노동시장정책, 조세정책, 그리고 임금정책이 상호 긴밀하게 연계되어 있다. 복지정책이 수요 측면과 공급 측면을 동시에 조절하는 렌-마이드너 모델에 의한 국민경제 관리 방식의 일부였다는 점이다. 이는 완전고용하에서 인플레에 의한 케인즈주의적 복지국가의 한계를 극복하게 함으로써, 복지정책의 생산주의적 기능을 제고하고 복지국가의 기반을 다지는 데 기여했다. 적극적 노동시장정책은 복지제도의 중요한 한 축으로 작용했다. 적극적 노동시장정책에 의해 이루어진 완전고용은 임금소득자들에게 있어 그 자체로 가장 중요한 복지의 원천이기도 했지만, 복지국가의 기반을 견고히 하는 데도 크게 기여했다. 높은 임금과 사회복지비용 등으로 노동비용은 매우 높지만, 그 자체가 노동으로 배분되는 사회적 자원의 규모를 크게 한다는 점에서 노동계층의 물질적 복지를 높이는 역할을 했다.

스웨덴 복지국가의 가장 큰 문제는 사회복지제도를 유지하기 위한 비용, 즉 세금이 많이 든다는 점이다. 그래서 낮은 실업률 또는 높은 고용률을 유지하여 수혜 대상자를 가능한 한 감소시키는 전략을 추진했다. 적극적 노동시장정책이라는 제도적 장치를 통해 복지비용을 최소화하면서 세입을 극대화하는 데 성공함으로써 포괄적 사회복지제도에 따른 비용의 문제를 어느 정도 해결할 수 있었다. 높은 노동비용만큼의 노동생산성을 달성하게 함으로써 기업경쟁력을 키우고 완전고용을 유지할 수 있었다. 물론 모든 국민이 높은 세금을 기반으로 한 국가복지를 지지하는 것은 아니지만, 1932년 사민당 집권 이후 다수의 유권자가 이에 동의했기에 세계 최고의 복지국가를 만들 수 있었다. 사민당의 장기집권으로 분배정책은 다른 정당에도 중요한 영향을 미쳐 복지정책에 대한 이념적 차이를 축소시켰다. 그 결과 공공지출의 급격한 팽창에 대한 정치적 반대세력이 등장하기 어려웠다. 비록 경기침체기이긴 했지만 1976~1982년과 1991~1994년의 우파정부 시기에도 복지지출은 지속적으로 늘어났다. 또한 노조의 영향력 확대뿐 아니라 노령인구 증가와 여성 노동력 확대에 따라 이들은 관대한 연금이나 탁아 및 노인 보살핌 등 사회서비스에 대한 정치적 압력을 크게 가했다. 이들은 복지국가를 지지하는 강력한 기반이 되어왔다.

스웨덴 복지국가의 구조는 세금 및 공공 부문으로 이루어져 있다. 1990년대 초 세제개혁으로 그 유명한 고세율과 누진세율은 많이 약화되었다. 개인소득세는 최고 51%를 넘지 않게 조정되었고, 자본소득세와 기업법인세는 각각 30%와 28%로 줄었다. 소득격차가 크지 않기 때문에 고소득과 저소득 간의

(단위 : %)

종류	비율
사회보험 기여금	36
가계소득세	33
부가가치세(VAT)	14
재화 및 서비스세	8
기업소득세	6
부유세	3

자료 : Ministry of Finance, Sweden.

근로소득세 차이는 크지 않다. 재산세는 매우 높은데, 일정 재산 이상에 대해서는 1.5%의 부유세가 적용되어왔다. 부유세는 곧 폐지될 전망이지만 상위계층에 대한 세금이 경감되는 것은 아니다. 부동산에 대해서도 0.5% 이상의 보유세금이 적용되었다. 총세금수입의 구성을 보면 〈표 5-1〉과 같다. 고용주와 근로자가 부담하는 사회보험 기여금이 전체의 36%이고, 부유세도 3%를 차지하고 있다.

공공 부문 지출은 복지국가의 팽창과 더불어 지속적으로 늘어났는데, 경제위기를 겪은 1990년대 초에는 GDP 대비 70%를 넘기도 했다. 그 후 재정적자와 공공 부문을 지속적으로 줄여 최근에는 55% 정도에 이른다. 2000년 기준 공공지출 구성을 보면, 사회보장비 지출이 전체의 42.5%로 가장 많고, 그 다음으로 교육 및 대학연구비 12%, 보건 및 의료 11%, 일반 공공서비스 10.4% 순이다.

02

스웨덴 복지국가의 개혁

스웨덴 복지국가는 제2차 세계대전 후 경제적 호황, 유권자들의 정치적 압력, 정당 간 경쟁, 진보적 정치 환경 등으로 원래의 구상 이상으로 계속 팽창했다. 복지국가가 최고조에 달한 시점에 세계적 경제위기가 발생했고, 이에 따라 적지 않은 부작용이 나타났다. 무엇보다 재정적자 문제가 심각했는데, 경제상황 악화로 세금수입은 줄고 복지지출이 크게 늘었기 때문이다. 공공 부문에 고용된 인구, 병가 및 육아휴직자, 노령연금자, 조기퇴직자, 노동시장 프로그램 참여자, 실업자 등 공공 부문으로부터 소득을 보장받는 인구 비중도 확대되었다. 시장 부문 고용인구 대비 이들의 비율은 1960년 0.38에서 1990년 1.52, 1995년 1.83으로 크게 증가했다. 다시 말해 1995년 기준 세금으로 소득을 보장받는 인구는 시장으로부터 소득을 보장받는 인구의 1.83배로 자본주의 세계에서 유례없는 수준이었다. 이들의 소득은 정치적 이해관계와 세력관계에 의해 책정되는 공공지출 규모에 따라 결정되었고 정치적 영향력도 커져갔다.

병가급여, 산재급여, 편부모 지원, 선택적 주거보조금, 공공부조 및 조기퇴직보조금 등에서는 도덕적 해이 현상도 나타났다. 급진적 분배정책에도 불구하고 공공부조의 급여를 받는 빈곤 가구도 늘어났다. 높은 수준을 자랑해온 공공 사회서비스는 효율성, 제한된 소비자 선택, 경쟁의 결여 등의 문제를 드러냈다. 1970년대 세계적인 경제위기가 도래하고 복지국가 위기론이 확대되었음에도 불구하고 스웨덴의 복지국가는 전성기를 구가하고 있었다.

이러한 상황에서 스웨덴 복지국가는 보수 세력으로부터 국가경쟁력을 떨어뜨리는 주요 요인으로 비판을 받았다. 이들은 높은 수준의 국가복지와 고율의 세금이 노동과 교육에 대한 동기를 약화시켜 양질의 노동력 공급을 저하시킨다고 주장했다. 또한 완전고용을 위한 고용보호 규제들이 노동시장의 경직성을 초래해 노동력의 효율적 배분을 방해하고, 연대임금과 높은 사회보장비용으로 인한 노동비용의 상승이 스웨덴 기업의 국제경쟁력을 떨어뜨린다고 주장했다. 1980년대 이후 스웨덴 복지국가는 신자유주의적 정책, 재정적자, 실업의 증대 등으로 크게 압박을 받았다.

1976년, 44년 만에 집권에 성공한 우파정부는 처음으로 복지체제에 손을 대기 시작했다. 1980년에는 파트타임 근로자에 대한 연금지급액을 임금의 65%에서 50%로 축소하고, 병가보험에 대한 대기일을 도입했다. 의료 및 주택에 대한 수혜자 부담 원칙을 도입했고, 사회서비스의 비용 절감을 꾀했다. 그러나 우파정부는 1982년 선거에서 복지 축소에 대한 유권자들의 반발로 패했다. 사민당 정부는 우파정부가 단행한 복지개혁의 대부분을 폐기함과 동시에 복지개혁을 시도했으며, 1984년 연금개혁을 위한 연금위원회를 설치했다.

OECD 국가들 가운데 거의 유일하게 완전고용을 유지했던 스웨덴은 1990년대 들어 전후 최악의 실업률을 기록하게 되었다. 막대한 재정지출에 의한 인위적인 완전고용정책을 사민당이 포기한 데 따른 결과였다. 이러한 노동시장의 문제는 곧바로 복지국가의 위기로 발전했다. 완전고용 자체가 스웨덴 복지국가의 핵심내용이었을 뿐 아니라, 실업 증가와 고용 감소가 재정에 이중의 부담을 안겨주었기 때문이다. 1976년 GDP의 3.6%에 불과했던 재정적자는 1982년 16.3%로 늘어났으며, 외채 또한 급격히 증가했다. 재정적자를 해소하기 위한 제1순위 방안으로 복지지출의 삭감이 거론되면서 스웨덴 복지국가의 재편이 불가피해졌다. 게다가 세계화와 유럽통합의 가속화는 복지국가의 재편을 재촉했다.

본격적인 개혁은 금융위기를 극복하는 과정에서 우파연립정부와 사민당이 1992년 시장의 역할 강화를 골자로 한 정책프로그램(crisis package)에 합의함으로써 구체화되었다. 이 정책프로그램은 복지수당의 축소, 복지행정기구의 재편 등 사회복지에 대한 국가개입을 축소하는 내용을 포함하고 있었다. 공공부문의 재정적자를 줄이기 위한 방안의 하나로 추진된 공공 부문의 고용 축소는 민간 부문의 고용 감소와 맞물려 급격한 실업 증가를 가져왔다.

1990년대 초반은 사회복지제도뿐 아니라 조세제도의 개혁이 동시에 이루어지면서 스웨덴 복지국가가 근본적으로 변화한 시기였다. 1991년 세제개혁의 큰 특징은 한계세율을 낮추고 개인소득세에 대한 종합과세를 분리과세로 이행시킨 것이었다. 이와 함께 개인소득세와 법인소득세의 세율이 대폭 하향 조정되고 간접세인 부가가치세가 인상되었을 뿐 아니라 다양한 세금감면제도가 철폐되었다. 스웨덴 복지국가의 재편은 복지지출의 삭감보다 세입의 변화로부터 더 큰 영향을 받게 되었다. 재정지출의 삭감이 사회복지에 국한되지 않고 모든 부문을 망라함으로써 별다른 효과를 얻지 못한 반면, 재정수입의 변화는 사회복지제도에 큰 영향을 미쳤다. 결국 조세제도의 개혁으로 소득재분배성이 약화되었다.

1991년 말~1994년 말의 우파정부하에서 경제 상황은 더욱 악화되었고, 이에 실망한 많은 유권자가 전통의 '복지정당'인 사민당으로 되돌아왔다. 1994년 선거에서 사민당은 매우 높은 45.3%의 지지를 얻어 압승했다. 그러나 사민당이 추진해온 EU 가입에 대한 국민투표가 1994년 말 가결됨에 따라 EU의 재정건전화 기준을 준수하기 위한 재정적자의 축소가 불가피해졌다. 1994~1996년에 이루어진 사민당 정부의 재정건전화 계획은 지출 축소와 세입 증가에 초점이 맞춰져 있었다. 개인의 책임을 강조하고 경제활동에 대한 동기부여를 강화하면서 전반적으로 복지제도가 혜택 중심에서 급여 중심으로 전환됨에 따라 스웨덴 복지 체제의 특징인 보편성이 약화되는 경향을 보였다. 보험급여율이 삭감되고 대기 기간이 도입되어 보장의 완벽성도 약화되었다. 반면 사회서비스제도에서는 변화가 거의 없었다.

스웨덴 복지국가는 1998년 6월 5개 여야 정당 공동의 복지개혁법이 의회에서 통과됨에 따라 또다시 재편되었다. 연금위원회가 설치된 후 14년 만에 새로운 연금제도개혁 법안이 의회에서 승인된 것이다. 연금개혁의 주요 내용은 첫째, 개정된 연금제도를 점차 노령연금 체계로 단일화하여 대체한다는 점이다. 즉 현행 조기퇴직연금과 장애연금은 65세가 되면 노령연금으로 대체되는 것이다. 둘째, 개인의 일생소득을 바탕으로 하는 소득 비례의 연금급여가 강화된다는 점이다. 또한 완전연금(full pension) 수령 조건이 강화되고, 연금청구권과 관련된 규정이 과거에 비해 강화되거나 제한적 성격으로 바뀌었다. 노동인구 대비 노령연금 수령자의 수가 증대되고 평균수명이 길어짐에 따라 연금 수혜 기간도 길어지고 총 연금액도 커질 수밖에 없는데, 이에 노령연금을 축소하고 연금제도를 보다 노동친화적으로 만들어야 했던 것이다.

　1990년대 들어 많은 복지개혁이 이루어졌지만 스웨덴 복지국가는 여전히 견고성을 유지하고 있다. 복지개혁에도 불구하고 사회서비스 및 의료 등의 영역에서는 민영화로 대표되는 시장중심적 개혁이 아직 등장하지 않았다. 물론 현재의 스웨덴 복지국가는 과거와 다르다. 사회적 평등을 위한 종전의 정책적 수단이 제약받고 있기 때문이다. 세계화, 산업구조의 변화, 인구 및 가족구조의 변화, 가치관의 변화 등 다양한 국내외적 요인이 복지국가의 재편을 요구하고 있다. 개인주의적 가치관이 심화되면서 선택적 복지의 요구가 커졌고, 국가에 의한 사회보장과 사회서비스의 상당 부분이 지방자치단체로 이전되는 현상이 나타나고 있다. 무엇보다 인구 및 가족구조의 변화는 복지국가를 곤경에 처하게 만들었다. 노령화와 편부모 및 맞벌이 가정의 증가는 소득이전의 복지 체제에 새로운 변수로 작용하고 있다. 다행히 스웨덴 복지국가는 여성이 일과 가정을 병행할 수 있는 성평등정책을 시행함으로써 우리나라가 직면한 저출산 같은 위험은 없다. 1994년 집권 이후 스웨덴 사민당 정부는 비용 억제와 프로그램 합리화로 점진적인 복지개혁을 추진했다. 복지개혁이 복지 기생자를 줄이는 데 초점이 맞춰져 있으므로 복지국가라는 시스템 자체의 변화는 나타나지 않고 있다.

스웨덴 복지국가의 정치적 기반은 경제적 성과와의 적합성, 그리고 중산층 이상의 유권자들이 만족할 만한 양질의 사회서비스를 제공할 수 있는 능력에 달려 있다. 이는 곧 소비 부문의 계급 양극화를 초래하지 않는 범위에서 공공서비스의 선택권을 확대하는 동시에 양질의 서비스를 위해 세금을 더 걷는 일이 발생하지 않는 것을 의미한다. 복지국가의 효율성이 크게 높아진 것이다. 경제 효율성에 미치는 분배정책의 부정적 영향은 1990년대 이후 크게 완화되었다. 사회서비스의 비효율, 세금 및 복지급여로 인한 개인적 선택의 왜곡, 도덕적 해이 등의 문제가 개선되어왔기 때문이다. 특히 공공 부문의 효율성이 높아지고, 세제개혁으로 세금왜곡이 줄었으며, 임금대체율을 낮춤으로써 복지급여 문제도 완화되었다. 스웨덴 복지국가는 사회보장과 사회서비스의 측면에서 여전히 뛰어난 제도를 유지하고 있다. 오히려 복지국가의 후퇴가 정치적으로 위험하다는 결과가 현실로 나타나는 실정이다. 2006년 총선에서 라

인펠트(Reinfeldt) 보수당 후보가 말한 '사민당보다 더 사민당같이' 복지를 하겠다는 이야기가 그냥 나온 것은 아니다.

6

스웨덴 모델의 조정과 경쟁력

01

EU 가입과 스웨덴 모델의 조정

1980년대 이후 스웨덴 모델은 상당히 변화했다. 무엇보다 자본시장이 완전히 자유화됐다. 스웨덴 모델이 자본에 대한 사회적 통제와 노동에 대한 사회적 보호를 기본으로 했다는 점에서 절반을 포기한 셈이다. 스웨덴 모델이 위기에 직면하게 된 것은 1973~1974년 석유파동으로 인한 심각한 경기침체와 높은 인플레, 그리고 렌 모델 자체에 내재된 산업 독점화의 문제 때문이었다. 이에 지나친 임금상승을 막아 국제경쟁력을 회복하려는 시도가 나타났고, 산업 독점화 현상에 대해서는 노동자의 권한과 자본에 대한 통제권을 확대하는 방안이 제시되었다. 그러나 소득정책과 임노동자기금은 각각 노동과 자본의 저항을 받게 되었고, 사민주의 진영 내부의 분열로 인해 그 목적을 달성하지 못했다. 이에 사민주의자들은 1980년대 들어 신자유주의적 처방으로 스웨덴 모델을 쇄신하고자 했다.

그러나 인플레 억제에 중요한 역할을 해온 기존의 렌-마이드너 전략을 포기하고 기업의 평균이윤율을 높이는 기업 위주의 공급 중시 정책은 임금인상 자제를 위한 노사 간 조정이 부재하는 가운데 엄청난 인플레를 유발하면서 실패로 끝났다. 스웨덴 모델은 그 화려한 명성이 무색하게도 종말 논란과 함께

1990년대 초 금융위기를 겪는 수모까지 당했다. 스웨덴 사민당이 1930~1970년대 중반까지 대단히 안정되고 강력한 헤게모니 체제를 유지해왔다는 점에서 더욱 놀라운 일이 아닐 수 없었다.

1980년대 이후 스웨덴 사민주의가 후퇴의 길을 걷기 시작한 것은 단순한 득표율이나 집권 여부 때문만은 아니다. 충분히 오래 집권했기 때문이다. 정말로 중요한 것은 스웨덴 모델의 근간을 이루었던 이념과 정책노선의 일부가 1980년대 이후 사민당 자신에 의해 훼손되고 포기됐다는 점이다. 강력해진 자본 및 우파의 공세와 세계화에 직면한 스웨덴 사민당은 수십 년간 쌓아온 사민주의적 체제를 스스로 허물면서 개혁하기 시작했다. 임노동자기금의 비극적 운명은 세계화의 심화와 함께 전후 스웨덴 모델에 중요한 전환점이 되었다. 스웨덴 모델이 구조적으로 우경화된 것이다. 갈수록 거세지는 자본의 압력뿐 아니라 위기를 벗어나기 위한 돌파구가 필요했던 사민당 정부는 1990년 10월 EU 가입 계획을 발표했다. 사민주의 국가 스웨덴으로서는 매우 힘든 선택이었다. 아직까지 유로(Euro)를 도입하지 않은 점에서도 잘 드러난다. 당시 정치나 경제적으로 위기에 처한 사민당의 마지막 카드였다. 이 카드는 결과적으로 스웨덴 모델을 대내외적으로 더 강하게 만들었다. EU 가입은 1994년 국민투표에서 52.2%의 찬성으로 결정되었다. 최근 우리의 한-미 FTA 상황이 이와 비슷하지 않나 싶다.

1991년 정책협의기구에서 이탈한 SAF는 정부에 협력하는 파트너 역할보다 로비 활동에 주력하는 이익단체로 변신했다. 1980년대까지만 해도 사회적 협의에서 주요 파트너로 정부 및 노조와 함께 정책을 결정하고 집행하는 데 참여했던 SAF는 정부나 노조의 요구에 소극적 자세로 부응했다. 그러나 정상조직 간 단체협상이 폐지되고 SAF 산하 조직들이 단체협상을 산업별 수준에서 진행하면서, SAF는 적극적 여론 형성과 의회 로비 등 정치적 영향력을 강화하는 활동에 진력하게 되었다. 복지개혁이나 노동개혁 등을 위한 정책협의 과정에서도 자본의 이익을 대변하는 데 매우 강경한 모습을 보였다. 법인세 축소, 교육 및 연구개발비 증액, 노사관계를 규율하는 관계 법규의 개혁 등을 주장했다.

그럼에도 불구하고 사민당 정부는 중앙 차원의 임금조정과 새로운 3자협의 체제를 재구축하기 위한 노력을 부단히 경주했다. 1994년 재집권 이후 국가경쟁력을 유지하면서 고용과 복지라는 정통노선에 주력했다. 낮은 인플레와 완전고용을 위해 과거 렌-마이드너 모델의 수단이었던 중앙임금협상과 임금인상 자제 등을 채택하고자 했으나, 크게 성공하지 못했다. 스웨덴 모델은 처음부터 공급 중시의 경제적 합리성이 있었지만, 1980년대의 급격한 신자유주의정책은 새로운 공급 중시 정책을 위해 기존의 것을 모두 폐기해버렸던 것이다. EU 가입 이후 사민당 정부와 노사는 임금 형성 및 임금 결정 과정을 명확히 하기 위한 제도적 방안을 모색했다. EU의 고용지침에 따라 노동시장 및 고용정책 관련 문제를 논의하는 사회적 협의기구인 '국가실행계획(National Action Plan)'에 SAF도 참여하고 있다. '1996 고용프로그램'은 전통적인 고용정책으로 4만 개의 공공부문 일자리 창출을 포함해 2000년까지 실업을 4%로 낮추는 것을 목표로 했으며, 실제로 2000년 4%의 실업률을 기록함으로써 유럽집행위원회(European Commission)가 제시한 목표를 달성하기도 했다. 물론 교육훈련 프로그램 참가자 수가 많기 때문에 실질 실업률은 훨씬 높다.

또한 노동시장의 수량적·기능적 유연성을 제고하는 역할을 해온 '조정협약(Adjustment Agreements)'의 기능도 커지고 있다. 주로 민간 사무직과 정부 부문 근로자를 대상으로 실업 및 이직 문제를 해결하는 데 기여해온 조정협약이 LO와 SN(SAF의 후신) 간에도 이루어져 전체 노동시장으로 확대되고 있기 때문이다. 조정협약은 원래 1974년 SAF와 PTK(TCO와 SACO로 구성된 사무직노조 협상카르텔)가 '초과인력지원위원회(TRR)'의 설립에 합의하고 '직장이동에 관한 협약(An Agreement on Transition)'을 체결하면서 시작되었다. 일시해고자에 대한 재정 지원과 교육 및 재취업 지원을 목적으로 하며, 노동시장의 수량적·기능적 유연화에 긍정적 역할을 해왔다. 재원은 사용자의 기여금(급여의 0.55%, 1997년 이후 0.3%로 축소)으로 충당되었다. 조정협약은 정부의 적극적 노동시장정책과 함께 노동시장의 전환에 중요한 역할을 하고 있다. 노조는 규제개혁에 대해 별로 협력하지 않았지만 노동시장의 유연화에는 중요한 역할을 해왔다.

사회적 협의에 대해 SAF의 태도가 변화한 것은 과거 중앙 차원의 수요 중심 사회 코포라티즘과 달리 최근의 사회적 협의가 산업 또는 공장 차원의 공급 중심 사회 코포라티즘 성격을 많이 띠고 있기 때문이다. 즉 생산성 향상과 기업의 요구가 반영되고 있기 때문이다. 1990년대 중반 이후 정부와 노사는 임금 수준 및 임금 결정 과정을 더욱 구체화해야 할 필요성을 절감했고, 이에 따른 제도적 방안이 모색되었다. 그 성과가 '1997년 3월 협약'이다. 산업 부문의 8개 노조와 12개 사용자단체가 '노사협력과 임금결정에 관한 협약(An Agreement on Industrial Development and Wage Formation)'을 만들어냈다. 이 협약의 목적은 산업의 경쟁력을 높이고 임금 결정 규칙을 새로 만드는 데 있었다. 즉 노사가 산업의 경쟁력과 수익성 제고를 위해 협력한다는 것이다. 노사 대표로 구성된 별도의 '산업위원회(Industry Committee)'는 기업과 노사관계의 현안을 논의하고, 임명된 4인의 경제자문관은 경제 문제에 대한 의견과 제안을 산업위원회에 내도록 했다. 새로운 임금협상 규칙이 만들어지면서 노사관계는 새로운 국면에 접어들었다.

사민당 정부는 자발적인 노사 간 논의와 협약이 노사관계의 장기적 안정에 매우 중요하다는 인식을 바탕으로 노동 관련 법률, 노동 시간, 임금 결정 방식 등 노사 관련 현안이 자발적인 협상에 의해 해결되도록 했다. 그 결과 1997년 민간 부문에서 노사 간 임금 결정에 관한 '협력협약(Collaboration Agreements)'이 최초로 타결됐다. 임금교섭의 구체적 협상 과정과 일정을 명시한 이 협약은 1998년과 2001년의 단체협상에 영향을 미쳤다. 중앙 및 지방정부도 협력협약을 타결했다. 이러한 노력에 힘입어 1998년에는 3년 기간의 부문별 중앙단체협약이 공공과 민간 부문 모두에서 이루어졌다. 또한 수출 부문에서 노사합의가 가장 먼저 성사돼 경제 전반에 긍정적 영향을 준 것도 매우 특기할 만한 사항이다. 1998년에 합의한 3년 기간의 성공적

단체협상이 2001년에도 이어졌으며, 2004년까지 3년간 비교적 낮은 총 7.5%의 임금인상이 합의되었다. 다만 저임의 지방정부 근로자와 학교 교사의 임금은 크게 향상되었다. 단체협상은 전국·부문별과 공장별로 두 차원에서 실시되었다.

SAF는 1998년 '성장을 위한 연합'이라는 이름으로 사회적 협의를 부활시키려던 사민당 정부의 시도에도 관심을 보였으나, 아쉽게도 이 제안은 논의 막바지에 결렬되었다. 이에 사민당은 1999년 초 새로운 노사중재기관을 위한 법안을 만들고, 이 법안이 2000년 3월 의회를 통과함으로써 기존의 국가조정사무소(National Conciliator's Office)를 대체한 새롭고도 강력한 중재기구 '중앙중재위원회(Mediation Authority)'가 설립되었다. 중앙중재위원회는 노사가 합의하지 못한 쟁점을 조정하고 임금 결정과 관련된 사항을 담당하도록 했다. 임금통계의 작성, 그리고 협력협약을 이끌어내는 역할도 한다. 중앙중재위원회에는 현재 다수의 협력협약이 등록되어 있으며, 분산된 임금 결정 방식을 변화시키는 역할을 하고 있다. 최근의 임금협상도 매우 성공적이다. 2004~2007년의 협약은 3년간 총 7.3%의 임금인상을 합의했다. 다소나마 원래의 합리적이고 성장친화적인 방향으로 스웨덴 모델이 조정되고 있는 것이다.

스웨덴의 노조조직률과 집중화는 1980년대 이후에도 지속적으로 높아졌다. 산업구조의 변화로 생산직 근로자가 감소하고 사무직 및 전문직이 증가하면서 TCO와 SACO의 조직률은 높아진 반면, 제조업의 비중이 줄어들고 청년 근로자 조직화에 실패한 LO 소속 노조의 조직률은 하락했다. 중요한 현상은 사용자

조직과 노조조직이 합병 과정을 거치면서 노동시장 조직이 갈수록 집중화되고 있다는 점이다. 2001년 두 개의 사용자단체인 SAF와 스웨덴산업총연맹(The Federation of Swedish Industries, 1910년 설립)이 합병되어 스웨덴기업총연맹(The Confederation of Swedish Enterprise, SN)이라는 거대한 사용자총연맹이 탄생했다. SN은 51개의 산업 및 부문별 사용자협회를 회원으로 하며, 총 5만 5,000여 기업을 대표하고, 21개의 지역사무소를 두고 있다. 노조의 합병도 가속화되고 있는데, 금속노조와 산업노동자노조가 2006년 1월 합병되었다. 건설 부문 4개 노조도 합병되었다. 노조의 합병으로 조직이 집중화될수록 산업별로 분권화된 스웨덴의 임금협상제도가 결과적으로 중앙집중화되는 상쇄효과가 나타날 것으로 보인다.

1980년대 이후 스웨덴 모델의 패러독스는 자본 자유화 등 신자유주의적 경제정책에도 불구하고 중요한 전통적 제도를 유지 또는 복원하기 위해 노력하는 데 있다. 이를테면 복지국가의 존속, 노동보호, 집중화된 임금협상, 사회 코포라티즘 기제의 재구축, 강력한 고용정책 등이다. 자본자유화정책과 노동보호정책이 동시에 추진되어왔다. 노동시장은 여전히 규제되고, 실업수당 또한 높아 세계 최고의 소득대체율(80%)을 나타낸다. 고용정책은 정치적 우선순위에서 가장 높이 위치하며, 적극적 노동시장정책 또한 여전히 시행되고 있다.

세계화가 기존의 사민주의적 제도들에 영향을 줄 수는 있지만 세계화가 요구하는 기업의 효율성, 국가경쟁력, 임금분배의 재조정은 복지 및 노동보호제도들의 폐기를 전제하지 않는다.

새로운 환경에서 구조적 요인뿐 아니라 이해당사자 상호간의 '정치'가 어떤 역할과 역량을 발휘했는지가 중요해지고 있다. 스웨덴 모델의 제도 자체가 전후 분배정책과 자본 축적을 달성하기 위한 정치적 타협과 대립의 산물이었듯이, 세계화라는 또 다른 조건에 직면해 정치적 의지와 선택이 중요한 문제가 되기 때문이다. 기업과 노조가 기술 및 시장 조건의 변화에 적응하기 위한 제도혁신에 협력하면서 스웨덴 모델은 다시 경쟁력을 갖추고 있다. 노사협력은 세계화 시대에 더욱 중요한 요인이 되고 있는 것이다.

금융위기 이후 개혁 노력이 가속화되었고, 1990년대 중반부터 생산성과 경제성장률이 크게 높아졌다. 통화정책의 안정성이 경제를 잘 받쳐주고 있으며, 특히 EU 가입이 결정되면서 경제의 활력이 증대되었다. 생산시장이 탈규제되고 경쟁정책이 강화되었다. EU 가입 이후 반카르텔 정책이 강화되었는데, 정부의 '경쟁촉진위원회(The Competition Authority)'는 경쟁친화적 개혁을 추진하면서 그 역할이 커졌다. 시장이 개방되면서 일부 시장에서는 경쟁이 심화되었다. 정부의 정책개혁으로 경제구조의 변화도 나타났는데, 특히 통신과 전력산업 등에서 규제완화가 두드러졌다. 통신·자동차·제약 등 기존 대표산업의 수출도 늘어났다. 스웨덴은 OECD 국가 중에서도 연구개발비 지출이 최고 수준에 있다. 기업가정신이 다시금 고양되면서 IT 산업 등에서 신설기업이 크게 증가했다. EU 가입은 스웨덴 경제와 산업에 경쟁이라는 '보약'을 제공했던 것이다.

스웨덴 사회는 1990년대에 많은 변화를 겪었다. 노령화의 심화와 외국인의 증가라는 인구 변화뿐 아니라, 산업구조가 변화함에 따라 노동생활 및 노동시장에서도 큰 변화가 나타났다. 경제의 탈규제와 자본 및 노동 등 생산요소의 국제적 이동은 경제 조건 및 규칙을 변화시키고 있다. 이러한 국내외의 변화가 복지정책에 큰 도전이 되었다. 스웨덴 복지국가는 부단한 개혁과 변화의 결과, 현재 1990년대보다 나은 상태에 있다. 복지국가의 정당성은 거의 훼손되지 않았으며, 복지국가에 대한 유권자들의 지지는 여전히 강고하고 광범위하게 나타나고 있다. 더욱 중요한 점은 스웨덴 복지국가가 국민들의 사회정의에 대한 강한 믿음과 높은 세금윤리를 기반으로 해왔다는 것이다. 다수의 국민과 정당은 경제사회적 여건뿐 아니라 가치와 이념의 기준에서 복지국가에 대한 변화의 정도와 방향을 결정한다. 경제적 상황이 어렵다고 해서 평등과 연대의 가치를 실현해준 복지국가 자체를 포기하지는 않는다. 다만 스웨덴 모델이나 복지국가에 대해 유권자들이 갈수록 '뜨거운 가슴'보다 '차가운 머리'로 대하고 있다는 점이 중요하다.

02

스웨덴 모델의 경쟁력 : 개혁, 지속성장, 고복지

경제통합의 가속화, 기술 및 산업구조의 변화, 고실업, 분권화된 임금협상에도 불구하고 스웨덴 고유의 제도들은 지속되고 있다. 이를테면 노사협력에 기반한 생산성 향상, 적극적 인적자본관리정책, 노동보호정책, 3자협의제도의 부활 등이다. 제도의 수정과 조정은 있었지만 노사정 모두 기존 시스템의 와해를 원하지는 않았기 때문이다. 고세금과 고복지에도 불구하고 지난 10년간 국가경쟁력이나 경제성장 지표 또한 유럽에서 가장 좋은 집단에 속해 있다. 최근 수년 동안 노사분규도 거의 일어나지 않았다.

21세기에도 스웨덴 모델이 경쟁력을 유지하고 있는 요인은 효율과 형평 또는 유연성과 안정성의 양립과 조화를 추구하는 데 있다. 제도 및 시장개혁으로 효율성을 높여 지속적인 성장과 고복지를 달성하는 것이다. 1980년대 이후 공공보건, 공교육, 적극적 노동시장정책, 영유아보호정책 등 인적자본에 대한 투자를 강화하고, 단순히 소득이전보다 비경제활동인구를 줄이는 데 역점을 두어왔다. 이는 1990년대부터 서유럽에서 새로운 컨센서스(consensus)로 자리잡은 경쟁력 있는 복지국가의 요건인 고용 중시 복지개혁, 일자리 창출, 인적자본 및 새로운

● 표 6-1 **스웨덴의 주요 경제지표**

(단위 : %)

	1994	1995	1996	1997	1998	1999	2000	2001	2002	2003	2004	2005
GDP	4.2	4.1	1.3	2.4	3.6	4.6	4.3	1.0	2.0	1.5	3.6	3.4
실업률	8.0	7.7	8.1	8.0	6.5	5.6	4.7	4.0	4.0	4.9	5.5	5.4
인플레	2.2	2.5	0.5	0.5	-0.2	0.5	1.0	2.4	2.2	1.9	0.4	1.2

자료 : 주한 스웨덴 대사관(2006. 2), "스웨덴 복지모델의 성공요인-정치구조 및 환경 측면".

사회적 위험에 대비한 투자 등과 같은 내용이다.

스웨덴은 1998년 전 생애 근로경력에 따라 새롭게 설계한 연금개혁을 통해 근로와 저축에 대한 인센티브를 강화함으로써 고령화 시대에 맞게 은퇴연령을 늦추고 있다. 또한 스웨덴은 오랜 기간 양성평등의 추구와 투자를 통해 여성 고용을 확대해 왔는데, 여성의 높은 노동시장 참여가 경제성장과 국민소득을 높이는 데 중요한 역할을 하고 있다. 전반적으로 스웨덴 복지 정책이 소득보장뿐 아니라 생산성 향상에도 기여하고 있는 것이다.

1970년대의 노사타협 체제 위기와 1980년대 및 1990년대 초의 거시경제적 불안정에도 복지국가의 핵심적 제도는 거의 영향을 받지 않았다. 유권자, 특히 중산층의 강력한 지지, 노령화, 사회통합의 가치 등이 스웨덴 복지국가를 군건히 지탱하고 있다. 협력적 노사관계와 노사정 협의를 바탕으로 노동시장과 작업조직, 노사관계의 유연성을 제고하고, 실업자 및 노동시장에서 퇴진한 인구에 대한 고용 및 사회보장의 안정성을 제고하는 것이다. 법인세·배당세·이자세 등 자본 관련 세금을 낮게 유지함으로써 자본활용도를 증대시켜 성장을 촉진하고 있다.

경제대국들과 달리 노동력이나 자본 등 투입할 자원이 매우 제한된 강소국의 특성상, 투입된 자원의 생산성을 크게 높임으로써 성장을 지속시키는 것이다.

세계화가 복지국가를 후퇴시킬 것이라는 주장이 많이 제기되었지만, 오히려 세계화로 인한 국내의 사회적 격차를 해소하기 위해서라도 복지국가는 지속된다는 주장이 더 타당해 보인다. 유럽통합에도 불구하고 개별국가의 복지제도는 개혁을 통해 쇄신되고 있다. 노동 참가와 육아를 동시에 가능케 하는 공공 사회서비스, 적극적 노동시장정책을 통한 노동력의 동원, 인적자본 개발에 대한 강조 등 전통적인 스웨덴의 분배정책은 오히려 세계화라는 새로운 경제 환경에 대한 적응을 용이하게 하고 있다.

사회 구성원의 소득과 복지 수준은 그 나라의 경제적 조건과 상황으로부터 크게 영향을 받는다. 경제성장, 효율성, 거시경제적 안정을 얼마나 달성하느냐에 복지국가의 앞날이 달려 있기 때문이다. 스웨덴 국민들은 경제적 성공이 고복지와 사회통합 등 스웨덴이 추구하는 사회적 목표를 실현시켜준다는 인식을 갖고 있다. 경제 상황이 나빠질수록 복지수요는 늘어나고, 그만큼 더 많은 자원이 복지를 위해 지출될 것이다. 이러한 상태가 오래갈수록 생산은 물론 복지를 위한 자원도 고갈되어 경제적 안전이 위협받게 될 것이다.

따라서 장기적 경제성장과 고용 증대를 창출할 수 있는 국가 능력은 매우 중요하며, 이를 위해 복지국가는 높은 수준의 인적자본 투자와 노동 참여 제고를 위해 노력하게 된다. 이러한 이유로 스웨덴을 비롯한 많은 국가가 1990년대 내내 이 과제를 해결하기 위해 노력해왔으며, 상당한 성과를 이룬 나라도 많은 것 같다. 스웨덴에서도 불평등 감소와 인적자본의 질적 향상을 위한 노력은 고숙련·고임금 수출산업의 대외경쟁력 유지뿐 아니라 내수산업의 생산성 제고에도 힘이 되고 있다. 높은 수준의 생산성과 고용은 다시 양질의 복지국가를 유지하는 데 필수불가결한 막강한 세금원을 제공하는 것이다.

세계화 시대에 공급 중시 경제정책이 선택할 수 있는 두 가지 중요한 전략은 세금인하 방안 또는 인적자본 및 고정자본에 대한 공적 투자 방안이라고 한다. 정책이란 결국 다수정당이나 주요 정치 세력의 선호에 따라 결정되기 때문에 중도좌파정부는 후자의 정책을 선택할 가능성이 높다. 사민당 정부는 정규교육뿐 아니라 재교육과 직업훈련 등 평생교육의 기회를 확대함으로써 인적자본의 기초를 개선하려는 노력을 지속해왔다. 적극적 노동시장정책은 인적자본의 질을 높이는 데 초점이 맞춰져 있으며, '고숙련-고부가가치-고임금 전략'을 뒷받침하고 있다.

스웨덴은 고부가가치 제조업 및 고부가가치 서비스산업의 경쟁력 향상을 목표로 하고 있다. 자본독점화 현상은 여전하다. GDP 대비 세계적 대기업 비중은 일본과 영국의 두 배, 미국과 독일의 네 배에 이르고, 대기업이 지배하는 경제로 유명한 한국이나 핀란드보다 높다고 한다. 그럼에도 불구하고 탈규제된 저임 서비스직과 안정된 고임금 고용이라는 부문별로 분리된 '이중경제(dual economy)'를 수용하지 않고 있다. 저학력·미숙련 근로자에 대한 교육과 기술훈련을 강화하는 방식을 채택하여 '두 계급의 노동시장(two-class labor market)'을 지양하고 있는 것이다. 기술 수준에 따른 실업의 격차가 커지면서 정부는 기존의 노동시장정책 외에도 정규교육을 강화하는 새로운 정책을 추진했다. 정규교육에 의한 인적자본 투자가 노동시장에서 근로자가 직면할 위험을 줄이는 가장 좋은 방법이라고 보기 때문이다.

노동시장의 균형발전을 추구하는 윈윈전략이 가능한 것은 스웨덴의 노동시장과 단체협상, 노조 등 강력한 노동시장제도들이 상호 긴밀히 연계되어 있기 때문이다. 정부정책은 무엇보다 성장, 고용, 공공복지, 사회통합을 목표로 하고 있다. 특히 사회통합을 위해 임금격차의 축소, 빈곤 감소, 삶의 조건의 동질화 등을 추구한다. 이러한 목표를 위한 노동보호제도 및 인적자본정책은 매우 시사적이다. 비정규직인 기간제 근로자 및 육아휴직 근로자에 대한 보호 규정도 강화되고 있다. OECD 등 국제기구들은 스웨덴 경제가 더 큰 도약을 하기 위해서는 노동시장 탈규제가 필요하다는 의견을 제기하고 있다. 새로 집권한 우파연합정부가 이 문제를 어떻게 풀어갈지 자못 궁금하다.

자본주의의 재구조화와 세계화에도 불구하고 스웨덴의 전통적 가치와 제도는 지속되고 있다. 포스트포디즘적 기술발전이 본질적으로 신자유주의를 전제하는 것은 아닌 것이다. 20세기의 눈부신 기술발전에도 케인즈주의적 혼합경제, 즉 복지자본주의가 꽃피지 않았던가. 시장경제가 요구하는 사회적 신뢰와 규범은 시장에 의해서만 생산되는 것은 아니다. 시장은 신뢰와 규범을 생산해내고 유지시키는 제도나 문화와 공존한다. 자본주의 다양성 이론이 보여주듯이, 자본 축적의 원리는 공유하지만 이를 둘러싼 제도와 정책은 나라마다 차이가 있다. 복지제도뿐 아니라 노사관계와 노동시장제도, 기업지배구조 등에서 다양한 유형이 지속되고 있는 것이다.

자본 이동의 심화에 의한 세계화 현상은 모든 나라에 자본시장의 자유화를 요구해왔다. 자본 배분 면에서 가장 사회주의적인 자본주의 국가 스웨덴이 시장 자유화에 동참한 것이다. 관치금융의 한국도 그러지 않았던가. 사회 및 경제정책이 신자유주의적으로 수렴될 것이라는 주장이 대세를 이루게 되었다. 그러나 세계화에 대한 대응과 그 결과는 국가마다 상이했으며, 세계화의 파급효과도 모든 나라에 일률적으로 나타나지 않았다. 1997년 동아시아 경제위기 당시만 보더라도 일본, 한국, 말레이시아 등 각 국가의 세계화에 대한 대응과 파급효과는 매우 달랐다. 유럽에서도 다양한 전략과 정책들이 나타났다. 세계화에도 불구하고 각 국가는 비교우위를 갖는 기존 제도의 지속 또는 개혁을 통해 시장의 유연성과 복지 및 사회 코포라티즘 제도의 강화를 결합한 유연안정성(flexicurity)을 추구했다. 각국 발전 모델의 다양성, 특히 복지국가 및 사회 코포라티즘과 관련된 다양한 제도는 크게 위협받지 않고 있는 것이다. 유럽 국가나 일본도 미국식 제도를 벤치마킹하지만, 개혁을 통해 자신의 모델이 더욱 효율적으로 발전·지속되도록 노력하고 있다. 일본은 일본식 모델로 성장과 조화라는 일본식 가치를 유지하고 있다. 선진 자본주의 국가들이 서로 다른 유형의 자본주의 제도를 발전·지속시킨다는 자본주의 다양성 이론이 공감을 갖는 이유다.

1980년대 이후 스웨덴 모델에 적잖은 변화가 있었지만 정체성은 크게 훼손되지 않았다. 사회적 합의 전통은 여전히 굳건히 작동하고, 복지국가는 구조조정을 통해 효율성과 효과성을 높이고 있다. 1994년 이후 사민당의 12년 집권이 이를 보여준다고 하겠다. 노동시장 참여율도 여전히 높아 남성과 여성 각각 70%, 63%로 유럽 OECD 국가 평균인 57%, 30%와 비교된다. 앞으로 경쟁과 효율은 더욱 강조될 것이다. 전통적으로 보호받던 내수산업의 경쟁을 조장하고, 공공 사회서비스 부문에 경쟁의 원리를 도입해 민간서비스와의 경쟁으로 효율성을 높이는 개혁이 요구되고 있다. 공공 부문에 경쟁원리를 도입하고, 노동시장을 보다 유연하게 만들고 일자리를 창출하는 전략이 필요하기 때문이다. 뿐만 아니라 심각한 노동력과 재정 문제로 이어질 노령화에도 대비해야 하기 때문이다.

◯ # 에필로그

사민주의에 기초한 스웨덴 모델은 1930년대의 형성기를 거쳐 1940~1950년대에 공고화되었다. 대기업 중심의 성장주의적 경제정책, 협력적 노사관계, 사회 코포라티즘의 의사결정 구조, 그리고 보편주의적 복지국가 등이 스웨덴 모델을 구성하는 핵심요소였다. 이러한 요소들은 1970년대까지 상호보완적으로 잘 작동해왔으며, 1980년대 이후 적잖은 제도적 변화에도 불구하고 지금까지 그 기조가 유지되고 있다. 스웨덴 모델의 최고 성과이자 최후 보루인 복지국가는 사민당이 오랜 기간 정치권력을 유지해오는 데 크게 기여했으며, 유권자들의 정치적 선택에 지대한 영향을 미쳐왔다. 복지국가가 최소한의 인간적 삶의 보장뿐 아니라 인적자본, 고용 능력, 소득 등을 향상시켜 중산층으로의 상향평준화에 중요한 역할을 해왔기 때문이다. '일하는 복지(workfare)' 또는 '학습복지(learnfare)'의 개념이 강하게 내재되어 있어 소득분배의 효과는 물론 경제의 효율성 측면에서도 긍정적으로 작용해왔던 것이다.

높은 수준의 복지가 경제적으로 부정적 결과를 초래할 수 있다고 하지만, 스웨덴은 EU 평균보다 높은 경제성장률과 낮은 실업률을 보이면서 복지 비판론을 잠재우고 있다. 2006년 총선에서 사민당이 패배한 것은 복지정책의 실패를 의미하지 않는다. 중도우파연합, 특히 보수당의 라인펠트 후보는 사민주의 복지국가 모델을 비판하기보다 유권자들에게 더 효율적이고 지속 가능한 복지국가를 만들겠다는 점을 알리는 데 주력했다. 중도적 이미지로 유권자들에게 전통적인 스웨덴 모델을 추구하는 친노동적 정당이라는 점을 설득시키는 데 성공했다. 그 결과 유권자들은 현재의 시점에서 중도우파가 사민당보다 복지국가를 더 잘 관리할 수 있다고 판단한 것이다. 사실 스웨덴 모델은 사민당 혼자 발전시켜온 것이 아니다. 사민당은 거의 대부분의 집권 기간을 연합정부에 의지해왔고, 정당 간 또는 사회 세력 간 합의로 스웨덴 모델을 발전시켰다. 사민당은 지난 12년간 집권하면서 경제성장과 물가 및 재정안정의 성과를 이루고 복지개혁도 성공적이었지만 우파의 전략에 밀려 패배했다.

복지국가는 엄청난 재원을 필요로 한다. 말 그대로 잘사는 선진국이나 할 수 있는 일이다. 그래서 복지국가로 인한 부작용을 '선진국병'이라고 부르는 것이다. 최근 논의되고 있는 한국의 기초노령연금만 보더라도 얼마나 많은 돈이 필요한지 실감할 수 있다. 한국은 경제규모 세계 11위의 OECD 회원국으로서 복지국가를 지향하는 것이 늦은 감은 없지 않지만 그나마 다행스런 일이다. 문제는 사회적 합의인데, 어떤 복지국가를 무슨 수로 해낼 것이냐에 대한 논란이 분분하기 때문이다. 세계화와 기술 변화, 지식정보화, 고령화 등 최근의 환경은 유럽형 복지국가가 발전되어온 20세기 중반의 상황과 사뭇 다르다. 복지국가를 잘 발전시키기 위해서는 변화된 환경을 반영하고, 재원 확보는 물론 제도의 효율성 및 효과성을 높이는 노력이 필요하다. 성장의 중요성도 강조되어야 한다. 소득과 재산의 상당 부분을 세금 '자선'으로 내놓을 수 있는 국민이 얼마나 될지 모르겠지만, 지금부터라도 성장으로 맺은 과실을 평등하게 분배하는 것이 중요하다. 동반성장이란 기본적으로 선분배 후성장이 아니라 성장을 통해 분배하는 것이다. 경제성장으로 고용과 자본 축적이 이루어져야 분배할 자원이 증대된다는 매우 기본적이고 합리적인 인식 없이 이념과 이상으로 과도한 분배정책을 추구할 경우, 복지국가의 지속 가능성은 담보되기 어렵다.

스웨덴은 경제성장을 이룬 뒤에 분배정책을 도입했지만, 선성장 후분배를 말하는 것이 아니다. 사민당은 1932년 집권 당시 기업가들에 의해 이미 상당 수준의 자본이 축적되고 성장잠재력이 구축되었던 행운을 얻었다. 그래도 처음부터 성장을 중요시했고 그 과실을 분배했다. 집권 후 40여 년 간 효율성을 근간으로 한 성장정책을 지속적으로 추진하면서 성장과 분배를 같이해왔던 것이다. 성장정책의 핵심은 지속적 투자를 위해 자본가와 타협하고 산업정책을 통해 경제역량을 제고하는 동시에 복지혜택에 대한 반대급부로 근로자에게 엄격한 시장규율, 즉 높은 노동생산성을 요구한 점이다. 효율성을 극대화하기 위해 자본 집중도 허용했다. 스웨덴 모델의 핵심 구성요소가 바로 이러한 성장전략과 밀접히 연계되었다. 이를테면 대기업 중심의 성장주의적 경제정책, 노동생산성을 높이는 협력적 노사관계, 노사정 간 조정과 타협을 위한 사회 코포라티즘, 그리고 원활한 노동력 재생산을 위한 복지국가 등이다. 성장이 지속됨에 따라 복지국가도 눈부시게 발전했다. 성장은 자본에 맡기고 노동조직과 사민당은 분배를 요구한 시스템이 스웨덴 모델의 본질이었던 것이다.

사민당은 1960년대 말부터 타협과 효율성을 중시해온 정통 스웨덴 모델로부터 벗어나 급진적이고 반시장적인 정책을 추진했다. 그 이유는 여러 가지가 있지만, 무엇보다 사민당의 핵심세력이었던 노조의 급진화가 주요했다. 사적 소유권이나 경영권 등 자본의 고유권한에 도전하는 급진적 전략은 계급타협 기반의 스웨덴 모델을 스스로 흔드는 일이었다. 노조의 급진화는 결국 스웨덴 모델을 손상시켰는데, 세계경제의 후퇴와 더불어 경기침체와 사회적 혼란을 야기했다.

1970년대 이후 국제 환경에 대한 적응력이 떨어지면서 스웨덴 모델의 한계가 드러났다. 효율성을 극대화하기 위해 용인된 경제력 집중과 불균형 성장은 다른 부작용을 낳았다. 기존 대기업에 유리한 정책들로 인해 신설기업은 성장하기 어려웠고, 수출대기업을 우대한 결과 중소기업이 적잖은 피해를 입었다. 스웨덴의 50대 상장기업 중 31개 기업이 1914년 이전에 설립된 반면, 1970년 이후에 설립된 기업은 단 한 곳도 없다는 사실이 이를 증명한다. 또한 기업과 산업에 대한 정부의 지나친 규제와 보호는 개방에 대한 취약성을 초래하고 경쟁력을 약화시켰다.

이에 이른바 '경제적 마인드'로 무장한 전문가들이 1982년 사민당 재집권 이후 규제와 보호보다 시장의 자유를 강조하면서 개혁의 선봉에 서게 되었다. 세계화가 심화되면서 과거의 발전전략으로는 경제성장과 분배를 달성하는 데 한계가 있다고 판단했기 때문이다. 그들은 무엇보다 1960년대 말부터 진행돼온 시장친화정책을 대체한 정부개입정책에 대해 비판적이었다. 전통적 사민주의와 경제적 자유주의를 결합한 제3의 길은 20세기 말 유럽의 중도좌파 정치를 특징짓는 키워드가 되었다. 사회적 형평성을 위해 시장을 규제하고 통제해온 기존 전략이 대폭 수정된 것이다. 시장을 자유화함으로써 성장을 진작하고 고용과 분배를 달성한다는 것이었다. 그러나 제3의 길은 성공적이지 못했다. 오히려 기존 제도의 시장지향적이고 공급 중시의 성격을 과소평가한 나머지, 지나친 자본시장의 자유화에 따른 큰 부작용을 겪게 되었다.

스웨덴 모델은 1980년대 이후 중앙협상의 와해 등 많은 제도적 변화가 있었지만, 1990년대 초 금융위기 이후 기본적으로 전통에 충실해왔다. 즉 경제 효율성 제고, 물적 인프라 제공, 연구 및 교육에 대한 투자 촉진, 복지 제공 등을 위해 진력했다. 스웨덴 모델은 조정과 개혁을 통해 다시 강해지고 있다. 스웨덴 모델의 내용 중 일부는 자유화 개혁으로 사라졌지만 아직도 유효한 제도가 많다. 여전히 세금이 높고, 노동보호가 강하며, 임금 및 노동 조건 등에서 정부의 많은 개입이 존재한다. 자본 자유화에도 불구하고 노동계급은 사회적으로 보호받고 있는 것이다. 경제적 효율성과 분배적 형평성에 대한 신념과 책임성은 여전하다.

세계화 시대에도 스웨덴 복지국가는 견고하다. 국민들은 여전히 성장이 지속되고 양질의 복지서비스를 제공하는 복지국가에 매우 우호적이다. 정치인들은 서유럽에 비해서도 상대적으로 높은 국민적 지지에 기초하여 복지국가가 사회경제적으로나 정치적으로 지속될 수 있도록 노력한다. 1980년대 이후 정치경제의 구조적 변화에도 불구하고 급격한 복지개혁은 이뤄지지 않았다. 스웨덴 복지국가의 특성상 노동은 물론 중산층을 포함한 광범위한 복지 수혜 계층이 존재함에 따라 우파정부도 역사적으로 형성된 복지국가에 대한 사회적 합의를 허물지 못했기 때문이다. 복지국가는 이념적 측면이 강하고 정치적 합의에 의해서 정당성이 부여되어왔다. 그러므로 분배를 위해 얼마나 많은 자원을 배분할 것인가는 결국 정치적 과정에서 공공선택의 결과로서 결정된다. 2006년 스웨덴 총선이나 2007년 프랑스 대선 결과는 현재의 시점에서 분배나 복지보다 성장과 투자에 더 많은 자원을 배분하기를 바라는 유권자의 뜻이 반영된 것이라고 볼 수 있다.

참여정부의 비전 2030과 스웨덴 총선은 더 이상 미룰 수 없는 성장과 분배의 문제를 제대로 논의할 좋은 계기를 제공했다. 성장과 분배의 이분법적 인식의 오류는 이미 사회주의 경제의 몰락으로 증명되었다. 평등한 분배를 강조한 나머지 생산성 향상을 이루지 못했기 때문이다. 복지국가 하면 대부분 높은 세금과 재정지출 증대를 떠올리는데, 이러한 인식은 돈을 풀고 나누는 것이 분배라고 생각하는 데서 비롯된다. 물론 복지 선진국들의 재정지출 수준이 높은 것은 사실이다. 그러나 이에 대한 이해를 좀더 명확히 할 필요가 있다.

재정지출 확대를 통해 분배를 하면 양극화와 빈곤 문제도 해결될 것이라는 믿음은 순진한 생각이다. 재정정책이란 현재와 미래 소득(소비) 간 서로 맞바꾸기식의 이전 행위에 불과할 뿐 경제 전체의 크기, 즉 성장에는 영향을 주지 못하기 때문이다. 현재의 재정지출에 따른 소득(소비)의 증가는 미래의 증세로 대체되므로 경제 전체의 크기를 늘리지 못하고, 미래 소비를 현재 지출하면 머지않아 경제적 어려움에 직면하게 된다. 게다가 재정지출이 현재의 소득을 높인다 하더라도 그 효과는 매우 단기적이고, 궁극적으로 물가를 상승시키는 부작용을 낳는다. 성장과 함께 재정지출의 성격도 매우 중요하다. 높은 세금과 지출이라도 투자적 성격의 재정지출 비중을 늘림으로써 사회 구성원들이 교육, 건강, 일, 안전, 사회적 신뢰, 정치적 자원 등을 더 많이 갖고 누리게 만드는 것이 좋은 복지국가로 가는 지름길이다.

양적 성장만으로 분배 문제가 저절로 해결될 수 없는 것처럼, 단순히 재정지출을 통한 방식으로는 양극화나 빈곤 문제도 제대로 해소할 수 없다. 예컨대 오늘날 고령화 현상이 심각한 문제라고 해서 오래 사는 것을 막을 수는 없는 노릇이다. 고령화로 인한 경제적 문제를 해결하는 방안은 출산율을 높이거나 여성 및 노인인구의 경제활동을 진작하는 것이다. 고령화는 전체 인구에서 노인이 차지하는 비중의 증가를 의미하므로 젊은 인구가 일정 수준 유지된다면 더 이상 진전되지 않는다. 마찬가지로 분배도 미래의 소득을 빚내서 쓰거나 다른 사람의 소득을 지나치게 갹출하기보다는 성장을 높임으로써 분배할 전체 국민소득을 늘리는 것이 바람직하다. 노인인구와 빈곤층의 증가, 저출산, 사회서비스 욕구 등 앞으로 복지지출은 크게 늘어날 수밖에 없다. 조세 측면에서의 대응 외에도 전체 국민소득을 더욱 늘려야 하는 이유도 여기에 있다. 더구나 아직 대다수의 한국인이 물질주의 가치관을 가지고 있지 않은가.

복지재정의 확대가 성장을 저해하거나 반대로 성장을 촉진한다는 단순 논리는 맞지 않다. 문제는 재정지출이 얼마나 경제성장에 기여할 수 있는 투자적 성격의 지출에 집중되느냐에 달려 있다. 그러나 기본적인 노령연금이나 장애연금 등의 소비적 지출을 억제하는 것은 선진국의 모습이 아니다. 다만 전체 국민소득이 늘지 않는 상태에서 재정이 지나치게 소비적 지출에 치중될 경우에는 성장을 저해할 수 있다는 점이다. 중요한 것은 투자적 성격의 재정지출이라 하더라도 기업의 자본투입 증가와 연계되어야 경제성장을 이끌 수 있다는 점이다. 숙련된 인적자본이 아무리 많아도 이를 고용할 기업이 없다면 소용없다. 최근 우리 사회의 대졸 청년의 실업 문제가 이러한 상황을 잘 말해주고 있다.

결국 한국 경제 전체를 성장시킬 수 있는 바람직한 길은 기업의 자본투자를 확대하는 것이다. 이러한 공급 면의 경제성장은 기업가정신의 활성화를 통해 가능하며, 누구나 기업가정신을 발휘할 수 있도록 자유로운 시장과 공정한 규칙이 제도화되는 것이 중요하다. 스웨덴은 경제성장 초기에 기업가정신이 매우 고양되어 있었고, 그 후 사민당 지배하에서도 사기업과 기업가정신을 보호하고 인정했다. 반면 우리나라에서는 투자

와 기업가정신이 날로 약화되고 있다. 외환위기 이후 기업들
이 위험을 회피하는 경향이 커졌고, 안정적인 경영권 확보를
위해 많은 자원이 유보되거나 지출되고 있기 때문이다.

참여정부가 분배와 균형을 지나치게 강조하고 기업과의 협
력관계가 충분하지 않은 것도 적극적인 투자를 어렵게 하는 원
인 중 하나다. 물론 한국의 많은 대기업이 투명성 등의 문제가
있지만, 경영권을 보장하면서 적극적으로 투자를 유도하고 장
려해온 스웨덴 사회주의자들과 대비된다. 투명성 문제는 그
나름대로 처리하고, 투자는 투자대로 하게 만드는 지혜가 아쉽
다. 재벌에 책임이 있다 하더라도 반기업(가) 정서를 확대 재생
산하는 일은 오히려 기업의 본질을 흐리고 기업의 문제를 호도
하는 부작용을 낳을 수 있다. 기업가의 일차적 역할은 기업을
키우고 고용을 늘려 국민경제를 성장시키는 것이지 '봉사활
동'이 아니다.

공평한 분배를 위해서는 소득불평등과 양극화를 확대 재생
산하는 우리의 경제구조를 변화시켜야 한다는 주장이 제기되
고 있다. 최근 한국의 양극화 현상은 전체적으로 양호한 경제
상황에도 불구하고 특정 부문이 악화되면서 해당 인구가 경제
적 안전을 위협받고 있는 것이다. 외환위기 이후 신자유주의
적 경제정책뿐 아니라 개방화의 추세와 함께 경제가 고부가가
치화되고 자본집약적 또는 기술 및 지식집약적 산업구조로 바
뀌는 과정에서 구조조정이 발생했다. 이 과정에서 밀려난 노
동력은 실업 상태에 놓이게 되었고, 지금의 심각한 소득 양극
화와 불평등을 불러오게 된 것이다. 더구나 한-미 FTA와 한-

EU FTA에 의한 완전자유무역 시대의 경제구조는 임금격차를 더욱 늘릴 것이다.

따라서 성장 패러다임이 변화하는 상황에서 투자와 함께 기술적 혁신의 바탕이 되는 인적자본 투자의 중요성은 더욱 커지게 된다. 경제구조의 변화는 분배뿐 아니라 효율성을 높이기 위한 시장의 자유와 규칙의 공정성 확대를 위해서도 요구되며, 이를 위한 다양한 개혁이 지속되어야 할 것이다. 성장 하나에 올인하던 시대를 지나 외환위기 이후 개혁에 진력했다면, 이제는 성장도 하고 분배도 하고 개혁도 해야 하는 힘든 시기다. 그러나 이 세 가지 모두를 해야 하고, 또 할 수 있어야 진정한 선진국이 될 수 있다는 것이 냉엄한 현실이다.

이와 함께 우리가 개방과 시장 자유화를 선택한 이상, 중요한 것은 노사 간 또는 주요 사회 세력 간 조정과 타협을 이루는 것이다. 개발국가 시대의 압축성장과 외환위기에따른 압축 개혁의 부작용에서 비롯된 한국 사회의 첨예한 이익갈등과 계층갈등은 타협과 조정제도의 필요성을 갈수록 증대시키고 있다. 스웨덴을 비롯해 유럽 강소국들에서 보듯 사회적 타협 모델은 세계화가 심화된 이후에도 유연하고 경쟁력 있는 경제사회 시스템을 발전시켜 성장과 복지, 사회적 안정을 담보하는 데 기여하고 있다. 네덜란드, 스웨덴, 덴마크는 1980년대 이후 지속적으로 시장 자유화 개혁을 추진해왔지만 보편적 복지국가와 민주적 코포라티즘이라는 기본 체제는 유지되고 있다. 이들에게 개혁이란 국내외의 환경 변화에 맞게 사회경제 시스템을 업그레이드하여 효율성을 높이고, 그들이 추구하는 사회

경제적 가치가 잘 실현되도록 하는 것이다.

전략적 선택과 의도적 의지(intentionality)로 사회경제적 지향점을 명확히 하고 성장, 분배, 고용, 복지, 교육 등 중요한 사회경제적 발전 목표를 성취하기 위해서는 유연한 우리의 발전 모델을 만들어내는 것이 중요하다. 사회적으로 합의된 가치와 지향, 이를 실현하기 위한 구체적 방식은 한 국가가 스스로 결정하고 만들어내야 하는 것이다. 비전 2030은 그 실현 가능성이나 이념 및 노선의 문제를 떠나 무엇보다 우리가 지향해야 할 하나의 모델 또는 방식을 제시했다는 데 중요한 의의가 있다. 물론 이보다 더 나은 방식이 제시될 수 있고, 이 방식을 수정해나갈 수도 있을 것이다. 중요한 것은 필요한 정책과 제도를 발전시키고 기존 제도의 적응효율성(adaptive efficiency)을 높여 생산적이고 공정하며 유연한 제도를 만들어냄으로써 경제사회 전반의 효율성을 제고하는 것이다.

성장 동력의 확보와 함께 분배의 효율성과 효과성을 높이려는 노력이 지속되어야 한다. 우리의 복지 체제는 제도적 형성기부터 최소한의 복지를 상정했고, 국가는 극히 제한된 역할만을 수행해왔다. 그 결과 대다수의 국민은 사회안전망으로부터 벗어나 있으며, 공공 사회서비스의 혜택을 거의 못 받고 있는 실정이다. 경제성장 초기에는 축적된 자본이 충분하지 않았고 가격경쟁력으로 교역을 해야 하는 불가피한 상황이었다고 치더라도 이제는 안 된다. 성장과 분배의 제도적 보완성을 확보하기 위해서 정부는 유연안정성을 정책기조로 하여 분배 및 사회정책을 재편해야 한다. 기업은 투자 확대와 동일노동 동일

근로조건을 보장하고, 정부는 투자 지원과 사회안전망 및 인적 자원 향상을 위한 제도적 방안을 마련해야 한다. 노동은 생산성 향상을 위한 노사협력과 고용유연성을 수용할 수 있어야 한다. 누구도 좋은 모든 것을 가질 수 없다. 타협하고 협력하지 않으면 그 결과는 모두에게 파괴적일 것이다.

우리에게도 동반성장은 불가능한 일이 아니다. 최소한 노사정이 그 역할을 다할 수 있다면 말이다. 다행히 비전 2030은 성장을 중요시하고 성장과 복지가 함께 가는 동반성장 모델을 지향하고 있지만, 당장은 재정 확충을 필요로 한다. 물론 정부는 복지지출을 많이 늘리지 않고 조세부담률도 크게 높이지 않는 적정부담 적정복지라고 말하고 있지만, 액면 그대로 받아들이기는 어렵다. 어쨌든 늘어날 것이다. 저부담 고복지라고 하기에는 너무 말이 안 되기에 '적정'이라는 자의적이고 애매한 용어가 동원된 것이 아닌가. 정확히는 알 수 없지만, 우리의 소득 수준이나 삶의 질, 실제로 돌아오는 혜택 등을 볼 때 현재의 세금이 결코 낮아 보이지 않는다.

스웨덴이 비록 엄청난 고세금이라 하더라도 그만큼 소득이 높고 실제로 국민에게 돌아가는 많은 혜택과 높은 삶의 질을 감안하면 오히려 우리나라의 세금이 더 많은지도 모른다. 세금은 국가가 그냥 가져가서 막 쓰는 돈이 아니다. 개념 없이 사용한다면 복지국가도 사회투자도 대략난망일 것이다. 복지지출이 늘어난 데 비해 실제로 국민에게 돌아오는 효과가 미미한 상태에서 현재의 조세부담률도 결코 낮지 않다. 그렇다고 빈곤층의 복지가 좋아진 것도 아니다. 유럽 복지국가 국민은 우리보다 더 많은 세금을 내지만 그만큼 교육, 의료, 주거, 사회보험, 사회서비스 등에서 많은 혜택을 누리고 있다. 세금을 올리려면 그만큼 돌아오는 것이 있어야 한다. 그럴 때 모두가 기꺼이 세금을 낼 것이다.

유럽 복지국가 기준의 고부담 고복지를 지향하지는 않더라도 우리 기준의 고부담 고복지를 확실히 하는 것이 더 낫다는 생각이다. 소득보장과 사회투자 모두를 해야 하기 때문이다. 세원은 그동안 세금을 제대로 내지 않은 부문에 대해 과세함으로써 충당해야 한다. 더구나 최근 늘어난 세금도 많지 않은가. 복지지출의 확대가 성장을 저해할 것이라는 우려를 불식시키기 위해서는 과도한 복지로 인한 근로 의욕의 저하를 방지하면서 복지 확대가 전체적인 자원배분의 효율성과 형평성을 높이고 성장을 촉진하는 역할을 해야 할 것이다. 기존 복지제도의 개혁을 통해 복지지출의 효율성도 높여야 한다.

최근 유럽 복지국가 모델의 문제는 근본적으로 복지국가의 이상을 실현시켜줄 성장잠재력이 크게 저하된 데 기인하며, 여기에는 복지를 성장과 연계시키지 못한 정책 실패가 크게 작용했다. 선거에서 승리한 프랑스 우파가 이 문제를 어떻게 얼마나 해결할 수 있을지 궁금하다. 스웨덴의 경우, 1970년대 재정건전성을 희생한 복지지출과 과도한 시장개입정책은 결국 성장과 기업경쟁력을 약화시키는 결과를 가져왔다. 그러나 1990년대 이후 지속적이고 점진적인 시장개혁과 복지개혁으로 양호한 경제성과와 복지국가를 유지하고 있다.

현재로서는 우리나라가 스웨덴 모델을 벤치마킹하기 쉽지

않다. 안정된 정당정치, 사회적 합의정치, 노사정 간 타협과 조정, 노사협력, 투명한 기업지배구조, 여성의 실질적인 사회참여, 친기업정서, 자국기업 보호 등이 결여되어 있기 때문이다. 스웨덴 모델을 벤치마킹하고자 한다면 누가 무엇을 해야 하는지 확실하지 않은가. 비전 2030을 위해서는 수준 높은 공공 사회서비스, 차별화된 공공교육, 유연한 경제제도 등은 지금이라도 당장 본받아야 할 것이다. 우리에게 중요한 것은 정확한 목표 설정과 추진역량을 갖추어 성장을 극대화하고 분배의 효율성을 높이는 것이다. 추진역량을 강화하는 데 노사협력은 중요한 역할을 할 것이다. 특히 노사협력은 투자와 생산성의 문제, 고용과 임금 양극화, 주요 복지정책, 그리고 기업지배구조에 이르기까지 다양한 문제해결에 중요한 실마리가 될 수 있다. 이와 함께 세계화, 기술 및 산업구조의 변화, 고실업, 양극화 등 국내외적 환경 변화가 커질수록 정부의 역할이 중요하다는 사실을 잊지 말아야 한다. 노사협력, 인적자본정책, 고용, 사회적 불평등 완화 등에서 정부는 노사와 함께 최선의 노력을 다해야 할 것이다.

참고문헌

· 김영순(2007), "사회투자국가가 우리의 대안인가? : 최근 한국의 사회투자국가 논의와 그 문제점", 《경제와사회》, 2007년 여름호 제74호.

· 김인춘(2004), "세계화, 유연성, 사민주의적 노동시장체제 : 스웨덴 사례", 《한국사회학》, 제38집 제5호.

· ______(2007), "자본주의 다양성과 한국의 새로운 발전모델 : 민주적 코포라티즘의 조건", 《한국사회학》, 제41집 제4호.

· 송호근(1997), 《시장과 복지정치 : 사민주의 스웨덴 연구》, 나남.

· 신광영(1994), "스웨덴 사회민주주의 60년 : 가능성과 한계", 《계간사상》, 제6권 제1호.

· 안상훈(2004), "스웨덴 복지모델 유지의 정치학, 그 한국적 전망", 《황해문화》, 제43호 여름호.

· 안재흥(2004), "근대로의 이행과 스웨덴 정치", 《유럽정치》, 유럽정치연구회 엮음, 백산서당.

· 이주경, "성장과 분배, 윈-윈의 길을 찾아서", http://blog.naver.com/wilddog25/60005773330.

· 장승규(2006), 《존경받는 기업 발렌베리가의 신화》, 새로운제안.

· 전창환·조영철 엮음(2001), 《미국식 자본주의와 사회민주적 대

· 주은선(2006), "스웨덴 복지정치의 기반변화 : 코포라티즘의 폐기 혹은 변형?",《사회보장연구》, 제22권 제1호.

· 주한 스웨덴 대사관(2006), "스웨덴 복지모델의 성공요인-정치구조 및 환경 측면".

· 통계청(2007), "2007년 1/4분기 가계수지동향".

· 한국보건사회연구원(2007), "사회양극화의 실태와 정책과제 연구보고서".

· Baldwin, Peter(1990), *The Politics of Social Solidarity : Class Bases of the European Welfare State, 1875–1975*, Cambridge : Cambridge University Press.

· Bergh, Andreas & Gissur Erlingsson(2006), "Resilience through Restructuring : Swedish Policy–Making Style and the Consensus on Liberalizations 1980–2000", Stockholm : The RATIO Institute.

· Boix, Carles(1998), *Political Parties, Growth and Equality : Conservative and Social Democratic Economic Strategies in the World Economy*, Cambridge : Cambridge University Press.

· Gylfason, Thorvaldur ed.(1997), *The Swedish Model under Stress : A View from the Stands*, Stockholm : SNS.

· Hadenius, Stig(1988), *Swedish Politics during the 20th Century*, The Swedish Institute.

· Heclo, H. & Henrik Madsen(1987), *Policy and Politics in Sweden : Principled Pragmatism*, Philadelphia : Temple Univ. Press.

· Henrekson, Magnus & Ulf Jakobsson(2000), "Where Schumpeter was nearly Right‐the Swedish Model and Capitalism, Socialism and Democracy", *SSE/EFI Working Paper in Economics and Finance*, No 370, Stockholm.

· Korpi, Walter(1978), *The Working Class in Welfare Capitalism : Work, Unions and Politics in Sweden*, London : Routledge & Kegan Paul.

· Lane, Jan‐Erik ed.(1991), *Understanding the Swedish Model*, Routledge.

· Lindbeck, A.(1997), *The Swedish Experiment*, Stockholm : SNS.

· Lindert, Peter(2004), *Growing Public : Social Spending and Economic Growth since the Eighteenth Century*, Cambridge : Cambridge University Press.

· Mackie Thomas T. & Richard Rose(1991), *International Almanac of Electoral History*, Washington D.C. : CQ Press, http://www.ipu.org/english/home.htm.

· Milner, Henry & Eskil Wadensjö eds.(2001), *Gosta Rehn, the Swedish Model and Labour Market Policies : International and National Perspectives*, Aldershot : Ashgate Publishing.

· OECD(2004), Social Expenditure Database.

· ______(2007), "Sweden : Achieving Results for Sustained Growth", OECD Policy Brief.

· Pierson, Paul ed.(2001), *The New Politics of the Welfare State*, Oxford : Oxford University Press.

· Pontusson, Jonas(1994), *The Limits of Social Democracy : Investment Politics in Sweden*, Ithaca : Cornell University Press.

· Ryner, J. Magnus(2002), *Capitalist Restructuring, Globalisation and the Third Way : Lessons from the Swedish Model*, London : Routledge.

· Stein, Peter(1991), "Sweden : From Capitalist Success to Welfare-State Sclerosis", *Policy Analysis*, No. 160, Washington D.C. : The Cato Institute.

· Steinmo, Sven(1996), *Taxation and Democracy : Swedish, British and American Approaches to Financing the Modern State*, New Heaven : Yale University Press.

· Whyman, Philip(2003), *Sweden and the 'Third Way' : A Macroeconomic Evaluation*, Aldershot : Ashgate.

· http://www.eiro.eurofound.ie.

001 동북아로 눈을 돌리자 | 남덕우

002 CEO 칭기스칸 – 유목민에게 배우는 21세기 경영전략 | 김종래

003 영어를 공용어로 삼자 – 복거일의 영어 공용론 | 복거일

004 늙어가는 대한민국 – 저출산 고령화의 시한폭탄 | 이현승 · 김현진

005 미 – 중관계의 변화와 한반도의 미래 – 위기로 맞을 것인가, 기회로 활용할 것인가 | 한광수

006 우마드 Womad – 여성시대의 새로운 코드 | 김종래

007 디지털권력 – 디지털기술, 조직 그리고 권력 | 장승권 외

008 차이의 경영으로의 초대 – 지식창조와 학습을 위한 시스템 사고 | 유재언

009 지식점프 – 지식창조의 금맥을 찾아서 | 이 홍

010 천년전의 글로벌 CEO, 해상왕 장보고 | 한창수

011 차이나타운 없는 나라 – 한국 화교 경제의 어제와 오늘 | 양필승 · 이정희

012 투 더불류ww 중심권 신세계 질서 | 하인호

013 새 한국형 경제운용시스템을 찾아서 | 정문건 · 손민중

014 정의로운 체제로서의 자본주의 | 복거일

015 보수 · 진보의 논쟁을 넘어서 | 현승윤

016 왜 우리는 비싼 땅에서 비좁게 살까 – 시장경제로 풀어보는 토지 문제 | 김정호

017 독일 경제위기를 어떻게 볼 것인가 – 사회적 시장경제체제와 슈뢰더의 개혁정책 | 오승구

018 당신의 인생을 이모작하라 – 생물학자가 진단하는 2020년 초고령 사회 | 최재천

019 사들이는 중국, 팔리는 한국 – 중국기업의 글로벌화와 한국기업의 대응 | 김익수

020 CEO는 낙타와도 협상한다 | 안세영

021 핵폐기장 뒤집어보기 – 도마(Defend Only My Area) 위에 오른 위험 | 조성경

022 기업범죄, 어떻게 예방할 것인가 | 김영헌

023 글로벌 CEO 누르하치 – 중국을 M&A한 오랑캐式 경영전략 | 전경일

024 한국의 반미, 대안은 있는가 | 심양섭

025 카론의 동전 한 닢 – 정갑영의 新국부론 | 정갑영

026 세계화 시대의 공력功力 쌓기 – 대중교육의 새로운 패러다임 | 김용호

027 21세기 한국, 왜 러시아인가? – 러시아의 잠재력과 한국의 대러정책 | 홍완석

028 복잡계로 풀어내는 국제정치 | 민병원

029 지식재산 전쟁 – 한국의 특허경쟁력과 대응전략 | 정성창

030 한국형 생산방식, 그 가능성을 찾아서 | 이영훈

031 로비의 제도화 – 정치 시장의 자유화를 위하여 | 조승민

032 광개토태왕과 한고려의 꿈 – 고구려적 세계와 미래한국 비전 | 윤명철

033 한국의 이동통신, 추격에서 선도의 시대로 | 송위진

034 휴먼 네트워크와 기업경영 | 정명호 · 오홍석

035 한국 헬스케어산업의 미래 경쟁력 | 윤인모

036 한류, 글로벌 시대의 문화경쟁력 | 박재복

037 복잡계로 바라본 조직관리 | 최창현

038 한국 2030 신세대의 의식과 사회정체성 | 이명진